马克思主义简明读本

改变世界的哲学

丛书主编：韩喜平
本书著者：张艳辉　魏　月

吉林出版集团股份有限公司

图书在版编目（CIP）数据

改变世界的哲学 / 张艳辉，魏月著. -- 长春：吉林出版集团股份有限公司，2013.9（2019.2重印）
（马克思主义简明读本）

ISBN 978-7-5534-2583-2

Ⅰ.①改… Ⅱ.①张… ②魏… Ⅲ.①哲学—研究 Ⅳ.①B

中国版本图书馆CIP数据核字(2013)第174678号

改变世界的哲学
GAIBIAN SHIJIE DE ZHEXUE

丛书主编：韩喜平
本书著者：张艳辉　魏　月
项目策划：周海英　耿　宏
项目负责：周海英　耿　宏　宫志伟
责任编辑：宫志伟
出　　版：吉林出版集团股份有限公司
发　　行：吉林出版集团社科图书有限公司
电　　话：0431-86012746
印　　刷：北京一鑫印务有限责任公司
开　　本：710mm×960mm 1/16
字　　数：100千字
印　　张：12
版　　次：2013年9月第1版
印　　次：2019年2月第2次印刷
书　　号：ISBN 978-7-5534-2583-2
定　　价：29.70元

如发现印装质量问题，影响阅读，请与出版方联系调换。0431-86012746

序　言

习近平总书记指出，青年最富有朝气、最富有梦想，青年兴则国家兴，青年强则国家强。青年是民族的未来，“中国梦”是我们的，更是青年一代的，实现中华民族伟大复兴的“中国梦”需要依靠广大青年的不断努力。

要提高青年人的理论素养。理论是科学化、系统化、观念化的复杂知识体系，也是认识问题、分析问题、解决问题的思想方法和工作方法。青年正处于世界观、方法论形成的关键时期，特别是在知识爆炸、文化快餐消费盛行的今天，如果能够静下心来学习一点理论知识，对于提高他们分析问题、辨别是非的能力有着很大的帮助。

要提高青年人的政治理论素养。青年是祖国的未来，是社会主义的建设者和接班人。党的十八大报告指出，回首近代以来中国波澜壮阔的历史，展望中华民族充满希望的未来，我们得出一个坚定的结论——实现中华民族伟大复兴，必须坚定不移地走中国特色社会主义道路。要建立青年人对中国特色社会主义的道路自信、理论自信、制度自信，就必须要对他们进行马克思主义理论教育，特别是中国特色社会主义理论体系教育。

要提高青年人的创新能力。创新是推动民族进步和社会发展的不竭动力，培养青年人的创新能力是全社会的重要职责。但创新从来都是继承与发展的统一，它需要知识的积淀，需要理论素养的提升。马克思主义理论是人类社会最为重大的理论创新，系统地学习马克思主义理论有助于青年人创新能力的提升。

要培养青年人的远大志向。“一个民族只有拥有那些关注天空的人，这个民族才有希望。如果一个民族只是关心眼下脚下的事情，这个民族是没有未来的。”马克思主义是关注人类自由与解放的理论，是胸怀世界、关注人类的理论，青年人志存高远，奋发有为，应该学会用马克思主义理论武装自己，胸怀世界，关注人类。

正是基于以上几点考虑，我们编写了这套《马克思主义简明读本》系列丛书，以便更全面地展示马克思主义理论基础知识。希望青年朋友们通过学习，能够切实收到成效。

韩喜平

2013年8月

目　录

引　言

放在读者面前的这本书旨在向大家介绍马克思的改变世界的哲学。改变世界是马克思哲学的核心原则，也是整个马克思主义哲学原理体系重要组成部分。

直观地说，首先需要解释清楚的就是“改变世界的哲学”是针对什么而提出的，这涉及到马克思哲学诞生之前的“解释世界的哲学”。这些哲学一般来说都有着浓厚的改变世界的情怀，然而为什么它们没能成为真正改变世界的哲学呢？其次，这里“世界”一词是什么意思呢？是我们日常生活中所理解的世界吗？如果不是，马克思的哲学对“世界”提出了什么样的新看法？第三，这里的“改变世界”是我们通常所说的改变世界吗？农人年年月月耕植着、改造着古已有之的大地，他们也是在改变世界。一个慧通古今、学贯中外的思想家以他那深厚的学养提炼我们所有人的问题与希望，他在改变着人们的思想，并也在某种意义改变着世界。这些意义上的改变世界与马克思所说的改变世界有何区别与联系？第四，如果我们说马克思的哲学是“改变世界的哲学”，那么马克思是如何从“哲学”的高度反思了“改变世界”这个主题呢？这种反思的基础又是什么呢？

在这本书中，我们将对这些问题一一作出解答。

哲学是一种精彩的思想冒险，是一种我们亲身参与其中的“思”的旅途。这里面没有什么现成的结论供我们去记诵，让我们口若悬河地纵情挥洒我们既有的知识；这里面没有什么万能的公式，让我们一劳永逸地解决所有的问题。哲学是一条“林中路”，我们一边走，它一边向我们开显，一边向我们诉说“真理”。真理远不是那么个干巴巴的结论，我们知道了它就能成天躺在上面睡大觉。马克思也嘲笑有这种态度的人，说那是“思想的懒汉”。我们需要的是“思”，真理随着“思”而开显。当然，哲学上的思，是有其固定的内容和凭借的。哲学的思凭借的是哲学史。因此，我们对马克思之前重要哲学家的梳理与介绍能更好地帮助大家理解马克思哲学的来龙去脉。

哲学开拓的世界是一个反对教条、崇尚批判的王国。在哲学的眼光中没有什么观念是理所应当合理的，没有什么前提是可以不经批判就必须接受的，哲学是一种不断追索前提、不断反思基础的思的活动。从这样的眼光来看，马克思的改变世界的哲学真正超越了解释世界的旧哲学的地方正好在于，马克思为哲学找到了真正的前提、真正深厚的基础。这就是现实世界。“现实世界”的发现促生了马克思的改变世界的哲学。这其中的理论路径是什么呢？让我们追随马克思峰回路转的哲学思考，一起进入这条“思”的道路。

第一章　解释世界：概念与流变

要做到真正理解什么是改变世界的哲学，必须对它反对与改变的解释世界的哲学有所了解。关于什么是解释世界的哲学，为什么会有这种哲学，德国哲学家赖欣巴哈在《科学哲学的兴起》中曾经作出过经典的概括：人类需要一个“精神的父亲”。

我们面对的是一个色彩斑斓的世界，春花秋月，草长莺飞、“明月松间照，清泉石上流”，这些自然的造物，给我们以无比的精神享受与审美愉悦；然而，枝枯叶败、秋风萧瑟、明华凋零，也会让人们有怅然若失、好景不再的感伤，兼之时光飞逝，让人们有“逝者如斯夫，不舍昼夜”的慨叹。于是，人们需要追求某种终极的、永恒的东西，作为我们有限存在者的灵魂的栖所与依归，以对抗外面这个不确定的世界之流。表现在哲学史中，这就是寻求世界本源、寻求终极确定性的哲学。

第一节　古希腊哲学掠影

一、哲学的开端："精神的父亲"

西方哲学诞生于古希腊。那是一个智慧迸发、思想巨人层出不穷的年代，这就是雅斯贝尔斯说的"轴心时代"。那个时代的思想就像是源头活水，不断地向后世流淌，作为思考、借鉴的素材，影响着后人们的思想；又像是后世那些丰富多彩的哲学观念的原始根基，吸引着后世那些遭遇迷茫与困惑的哲学家，不断地返回它，开始一次又一次的"回家"与"寻根"之旅；康德、黑格尔如此，胡塞尔、海德格尔如此，从某种意义上讲，马克思也是如此。

希腊哲学将它青春期的欢乐与最原初的"讶异"献给了自然界。这个时期哲学家们的问题是：世间万物的本源是什么？那个万物始于它的世界本源是什么？可以说，我们对这个问题有一种天然的亲切感；从我们少不更事的童年，到开始学会思索的青年时期，这个问题总会有那么一次两次地或直接或间接地出现在我们的脑海；我们似乎本能地就认为这个世界服从于某种秩序，而为这个秩序提供起源的那个东西，就是我们朦朦胧胧思索的东西。人们将古希腊思想比作整个人类思想的童年，诚有以也。

第一个对世界本源问题做出回答的是泰勒斯。泰勒斯被称为哲学之父，他与阿那克西曼德、阿那克西米尼组成的学派，史称米利都学派。泰勒斯说，世界的本源是“水”。在我们今天看来，这个答案的出现是合乎常理的，因为能够作为世界本源的东西，必须具有流动性、可变性，必须有“内在的”活力。在我们的经验中，水能够蒸发成为水蒸气——气体，能够凝固成为冰——固体，而水本身是一种液体。水为人、动植物提供生命必需的滋养。一句话，水能够为我们经验世界中事物的相互转化，提供某种解释。这些至少是“僵死的”固体不能提供的。然而，我们不难想象，这个世界上的水终究是“有限的”，这种有限的世界本源物质会不会在它向世界万物的永无休止的转化中消耗殆尽呢？这里，泰勒斯的“水”解释力就不是那么强了；于是，他的两位后辈阿那克西曼德、阿那克西米尼才提出了“不定形”、“空气”来取代泰勒斯的学说。它们都具有水不具备的特征——无限性；只有一个无限性的本源，才有可能解释我们这个流光溢彩、品类繁盛的世界。从古希腊哲学的这种开端，我们明显地看出他们的精神，为了思想而思想，为了我们对大千世界的“讶异”而思想，为了给我们找到一个统一的本源性的“依归”而思想，而没有多少世俗功利的动机。

读到这里，我们可以略作反思：早期希腊“三哲”提出的世界本源学说，寄予了他们的两种期望：不仅要能解释我们世界的“统一”，还要能解释我们经验事物的“转换”与“流变”。正如接下来我们将要看到的，这两种要素的继续向前发展，就有那么点“裂道而行”的意味了。他们的思想中这两种倾向，分别为赫拉克利特与巴门尼德发扬光大。

二、赫拉克利特：世界是永恒的活火

赫拉克利特是一个卓越而又有个性的人物。与我们熟知的佛祖释迦牟尼一样，赫拉克利特出身王族，他性格高傲而带有神秘气息，睥睨天下，藐视前贤；而他对于继承王位也无甚兴趣，而是寄居山林，颇有些中国古代隐者的风骨。他的作品也是用语深奥，晦涩难懂，据说是要避免为普通民众所轻视。赫拉克利特向人们宣布：世界是一团永恒的活火！火熄灭，则转化为世间万物，而世间万物转化为火，则是火的燃烧；火不断地燃烧熄灭，万物不断转换，万物皆流，无物永恒；唯一不变的，只有这个流变本身。赫拉克利特的另一句名言："人不能两次踏进同一条河流"，表达的也是这么个意思。赫拉克利特将"火—流变"当作世界的本源，从我们今天的眼光看来，他深刻刻画的，乃是我们对世界的感知，甚至乃是我们感知世界的方式。一年四季、春夏秋冬永恒流转；白天黑夜互相交替，以致我们的祖先早就把这种感知，转化为自己的生活方式——日出而作，日落而息；白云姿态万千、飘忽不定，所以我们谓之"流云"；瓜熟蒂落；更别说那句雄壮的"大江东去"了。总而言之，把这种流变上升到哲学原则，并把它与"火"这个灵动的、跃动的、时而内敛时而喷发扩张的形象结合起来用以解释整个世界，是这个晦涩哲学家的特殊贡献；而他的思想与词汇的结合体又是如许的神秘而充满魔力，吸引着后世卓越的思想者以恭敬的态度向他流传下来的那些残篇朝拜，这其中就有那个大名鼎鼎的海德格尔。

三、巴门尼德：第一个纯粹思想

这个时候，另一个卓绝人物巴门尼德登场了，他的哲学恰与赫拉克利特相对。巴门尼德生于古希腊的爱利亚，出身富贵，除此之外我们对他知之甚少。正是巴门尼德提出了一直流贯于整个哲学史中的“存在”概念；按照黑格尔充满着热情洋溢的赞美，巴门尼德的“存在”乃是人类的第一个“纯粹思想”。存在，英译being，在我们汉语里面，就是存在、有、是的意思。经过后来的康德哲学、黑格尔哲学，甚至海德格尔哲学，我们才能自觉到，原来是、有、存在，是我们一切认识的基础，甚至可以说，是万物的根基。举个不那么严谨的例子，我们说紫罗兰是香的，紫罗兰首先得能“是”，然后才能有“是不是”香的这个问题：存在、有、是，这个纯粹思想是我们理解世界的基础。我们自己的看法暂且打住，且看巴门尼德自己的说法。巴门尼德将我们通达世界的路径，分成“真理之路”与“意见之路”，他的意思是说，只有我们的理智、思想的对象也就是存在，才是不变的真理；而我们的感觉印象，比如说山川草木，都没有什么定性，总是要变的、不真的；这些都是意见。巴门尼德将存在规定为不生不灭、绝对不变、完满的东西——因为真理总不能跟感觉一样变来变去。不生不灭、不变、圆满，这些规定让巴门尼德将存在设想为一个圆球体，将之作为世界的本源。我们且不着急去评论他提出的这个“圆球体”如何如何，他的存在的概念足以让他彪炳史册；因为哲学无他，哲学始终关注的是概念。可以说，巴门尼德的“存在”和赫拉克利特的“流变”，构成了古希腊思想中的真正的根源性原则，它们是整个西方思想的根基。

后来的古希腊哲学，又出现过形形色色的学说，其中包括我们引言中提到的德谟克利特的原子论。后来，希腊与波斯爆发大规模战争并取得胜利，这时候希腊人的精神生活呈现出了蓬勃向上的发展的局面，也催生了他们参与政治的渴求。按照当时的希腊民主制度，想参与政治便必须向民众展示自已。而面向大众的演讲，就是展示自己的最好方式。

这个时候，智者学派应运而生，普罗塔哥拉、高尔吉亚就是其中响当当的著名人物。普罗塔哥拉有句名言："人是万物的尺度。"这句话大体是这个意思：举例来说，我们有句歌词，"迎面吹来了凉爽的风"，按照普罗塔哥拉的看法，这个"凉爽"，其实不是那么合理的说法，因为一个人感觉凉爽，可能另一个人会感觉闷热，而其他人可能会感觉冰冷。我们说风凉爽，其实只能说对某某人来说，风是凉爽的。可见，按照普罗塔哥拉的说法，事物没有什么客观的规定性，没有什么不变的本质；事物到底怎么样，要看对谁来说，事物的"尺度"，在"人"这里。智者学派凭借他们对修辞学和辩论学的研究，向当时向往政治的人传授论辩之术，并收取报酬。

高尔吉亚则更是善用"如簧之舌"，他的著名的命题是："无物存在；即使有物存在，也无法认识；即使认识了，也无法告诉别人。"他不仅提出这个命题，还经过一些复杂的逻辑论证来证明它。总而言之，智者学派传授的论辩之术，教导人们不仅在自己演讲过程中要思路清晰明确，营造氛围打动民众，而且要在与参政对手的辩论中寻找他们语言上、思路上的漏洞并发动攻击。于是，智者学派的思想有着相对主义、怀疑主义的倾向：他们认为没有什么真正的真理，一切都可以怀疑、辩论；人们平常奉为圭臬的原则、方法、规矩，都能驳倒。大体上说，他们传授的论辩之术，不那么注重寻得真理，注重的是要在辩论中获胜。然而，读到这里，我们切不可像我们以前的儒生评价苏秦张仪那样，将他们斥为“只逞口舌之徒”。因为哲学的运思方式是“思辨”，一定程度上，就是发现概念本身中的矛盾，并把这些矛盾统一起来，来丰富发展这个概念，或为这个概念重新寻找基础。而智者学派尽管让人们对于确定真理的追求陷于困惑，但他们毕竟用他们的哲学实践，对思辨方式的形成有所助益。

四、苏格拉底：“认识你自己”

苏格拉底活动于智者运动时期。苏格拉底出身低微、身材矮小。父亲是一个雕刻家。当时，由于智者学派的影响，雅典的街头巷尾都充斥着种种新奇的理论。然而，苏格拉底却并不为这些词藻丰富的理论迷惑，他也不认为其他人能够从这些理论中受益多少。尽管他平常也像智者学派的那些人物，喜欢在街头与人交谈、辩论。然而，他与智者根本不同，他不收取学费，他也反对诡辩和夸夸其谈。苏格拉底的哲学良知驱使他启示自己和他的同胞，去识破这种虚假知识的蒙骗，并以认真的态度去追求真理。因而他受到了当时雅典最优秀的青年们的爱戴，青年们将他看作道德的导师。

苏格拉底给人们的建议是，“认识你自己”。他将先哲对自然界的研究转到对人自己心灵的研究：人要研究自己内心中的德性原则，并以此为辨别是非的根据。用他的话说，就是“德性即知识”。按照后人的评说，苏格拉底的伟大在于，他是第一个把哲学“从天堂拉回到人间”的人。然而，他的一些言论触怒了当时当权的民主派，他们指控他“亵渎神明”、“腐化青年”，并判他死刑。在苏格拉底被监禁期间，在他的朋友的帮助下他曾有过逃走的机会，但这些都被苏格拉底拒绝了。在他看来，他既然生活在他深深热爱的那片土地上，就代表他接受这个地方的法律，他有责任承担法律施加给他的一切，只有这样他才算是一个合格的公民。在法庭上，苏格拉底发表了正义满腔的申辩，并从容赴死。他当时的申辩，通过柏拉图在

《申辩篇》中的生动描绘流传后世。

五、柏拉图与亚里士多德：理念论与形而上学

古希腊哲学发展到苏格拉底的时代，已经是一个众流激湍的局面，各种天才的哲学火花流窜四射，混同在各种意见中，激荡着、困扰着当时热爱思考的希腊人。百川汇海的时机终于到了，哲学需要一个强有力的思想人物，将它旁出的枝蔓梳理清楚，形成一个体系，并推向新的高峰。承担这一点的是苏格拉底的学生柏拉图。固然时势可以造英雄，然而英雄亦可以造时势的。柏拉图的哲学体系是西方哲学史上取得的成果最丰厚、影响最大的思想体系之一。

柏拉图出身贵族，二十来岁从学于苏格拉底，并景仰他的学术人品，终生不渝；他是苏格拉底最聪颖、最勤学、最有独立见解的、最出色的学生。柏拉图一向有政治抱负，曾希望以自己的学说影响当时的执政者，建立新型的政体；他的政治见解孕育出了《理想国》这样的政治哲学名著，而其中的执政者，就是“哲学王”。虽然他的政治生涯屡遭挫折，但他的哲学思想却如春花般怒放，取得了巨大的成功。

这一点颇像中国的哲人孔子，他满怀治国平天下的理想周游列国，游说人君施行仁政，终不被采纳；后来他弃政从教，回鲁国收弟子，宣扬自己的学说，反而成就了他万世师表的美誉，并深切影响了我们后代人的思想与行为方式。

柏拉图思想的直接背景是苏格拉底与智者学派，他从苏格拉底的“德性即知识”的立场出发攻击智者学派的种种只图辩论而不求真理的理论。按照柏拉图的思路，我们内心的德性原则不可能来自意见，来自对感觉世界种种流变事物的看法；德性原则一定有完全不同的来源和完全不同的对象。于是，他继续向下推论：既然这个变化万千的物质世界能给我们的只是知觉与意见，那么经过智者学派理论的揭露，这些知觉与意见就只能是众说纷纭，找不到绝对的定准；那么，合理的推断是，德性原则——真正科学的原则，其来源绝对不能是这个物质世界，那么就只能是一个非物质——超感性世界了。柏拉图认为，在伦理上，在德性方面，我们需要有一种恒久的、终极性的知识。这种知识不同于我们对世界的种种知觉；这种确定的、终极的知识来自理念领域，因而柏拉图的学说称为理念论。柏拉图说，最高的理念是善。

按照柏拉图的看法，在可感的经验世界之外，还有一个更加真实的领域，即理念世界。我们的感官的认知范围，对应于可感事物，产生的是意见；而我们的理智能力，则对应着理念领域，产生的是恒定不移的知识。这就是他著名的“分离学说”——在可感的事物之上，“分离”出一个理念世界，作为我们的确定知识与德性生活的保障。在这里，我们看到柏拉图的前辈巴门尼德和赫拉克利特的哲学复活了，柏拉图调和了他们之间的矛盾，将他们熔铸在一个体系之中。柏拉图的“理念”，来自巴门尼德的“存在”，并且我们能够确切地认知的，只能是“理念”、“存在”；他也没有抛弃赫拉克利特，他也承认“流变”，但是，可感事物的运动变化并不能给我们以知识。

柏拉图给他的理念学说以极大的热情与倾情的赞美，他把善当作最高的理念，并且把它比作整个理念领域的太阳——在我们的可感世界中，太阳乃是最崇高、最伟大的形象；善在理念世界中的地位也是如此。于是，我们看到，他的老师的德性原则也在他的哲学中复活了，这就是最高理念——善的学说。那么，我们的有着种种可感事物领域与理念的领域是什么关系呢？分有和模仿。我们可感的个别事物之所以存在，是因为它们对理念的“分有”和“模仿”。事物的类别是理念，而一类事物中每个个体只能分有和模仿一部分的理念，而理念就是事物的存在的根据——柏拉图说，不分有理念的东西要么不存在，要么只能是肮脏的东西。读到这里我们看到，柏拉图理念论，依然是关于世界本源的学说，当然，他的学说经过对巴门尼德、赫拉克利特、苏格拉底学说的吸收与重新阐扬，已经是大大的丰富了。

柏拉图的学生亚里士多德也是当时的思想雄杰，是古希腊哲学的集大成者，正如后来的黑格尔之于德国古典哲学一样。“吾爱吾师，吾更爱真理”的不朽名言，正是亚里士多德对他的思想前辈，特别是他的老师柏拉图的态度。他广泛地吸收当时古希腊的种种哲学学说，特别是他的老师的学说，并对它们进行批判和更加细致的分类与归纳整理，提出了更加系统化的哲学体系。他把哲学家们对自然界的研究，也就是自然哲学归为一类，称为物理学。物理学研究的是自然界种种事物的运动变化，亚里士多德在他的前辈的研究的基础上，认为事物运动的要素有四个：质料因、形式因、动力因与目的因，这就是他著名的“四因说”。按照亚里士多德的观点，除了物理学之外，哲学还要包括形而上学，也就是第一哲学；形而上学研究的是“存在”，约略相当于柏拉图的理念。所谓形而上学，在古希腊文中，乃是“物理学之后”的意思；因为亚里士多德将他关于形而上学学说的著作，编排在物理学著作之后。“形而上学”这个名词就这样从亚里士多德肇始，在后世中好多年，人们都用它指代哲学。形而上学这个词的中文翻译，取自我国最古老的典籍《易传》中的“形而上者谓之道，形而下者谓之器”。所谓形而下者，就是我们平常遇到的有形的事事物物，相应地，形而上者，就是指超出可感事物之上的东西。所以，形而上学也就是关于超出可感世界之上的东西的知识或概念的学说了。

第二节　近代哲学举隅

一、经验论与唯理论：思想的客观性

近代西欧文明经历了几个世纪的沉沦之后，渐渐地在理

性的召唤下苏醒。15世纪至16世纪，遍布欧洲大陆的文艺复兴和宗教改革运动使人的理性在长期的宗教的束缚中解放出来，在哲学上，表现为以怀疑主义和理性精神为根基、以追求普遍必然性知识和思维与存在同一性为目标的近代认识论哲学。简言之，近代哲学思辨的核心是思想的客观性的来源问题。

（一）精神领域的斗争

近代以来，随着科学技术的不断发展，社会财富迅猛增加，新兴的资产阶级市民阶层作为新的时代精神的代表，自然不能对以自然经济为基础的教会神学统治满意。他们展开了维护自己生存和发展的各项权益的反专制斗争。这一斗争表现在精神生活领域即新教精神：人与上帝之间不再依靠外在的宗教法庭的神圣权威和教会牧师的中介传递，转而依据在内于自身之内的真挚情感和天赋理性。这一精神生活原则的变革反映到哲学研究上就表现为认识论转向：未经认识论反省的本体论无效。也就是说，近代以前的哲学在探寻“最高原理”时，忽略了对内在认识能力的研究而直接将某种经验或超验的存在视为万事万物的“本源”，并用以解释经验世界的全部存在。认识论转向则表示哲学研究意识到了我们对于“最高本源”和“最高原理”的研究是以我们有认识能力为前提的，如果不能对认识能力自身有所研究，则根本无法保证对于“本源”和“最高原理”研究的客观性和真理性。因此，必须将认识论研究放到哲学研究的中心位置，认识论研究是本体论研究的理论前提。认识论转向既是时代变革的必然体现，也是哲学研究内在发展的必然结果。

近代哲学面临的直接环境是中世纪基督教神学遗留下来的狂热的信仰主义氛围。近代哲学如果想生存下去就必须突破这一信仰主义藩篱，让人们从独断信仰的迷梦中清醒过来，重新审视种种“不证自明”的神学信条。因此，如何完成这一“突围”是摆在近代哲学面前的第一个问题；近代哲学面临的另一个问题是基督教神学复杂繁琐的论证体系。如何使理性摆脱神学体系的束缚，使自己不再局限于空虚的彼岸世界而为人的现实生活服务？这同样是近代哲学必须解决的。

近代哲学试图用怀疑精神破除一切偏执的信条。哲学家们通过对一切现成的宗教神学信条不断怀疑而寻得了具有明证性的“阿基米德支点”，即思维。思维的自明性和清晰性给重建哲学体系以稳定的根基。近代哲学立足于思维与经验，将人们的目光从故作深沉的神学体系拉回到现实生活，让理性不再埋头于虚无缥缈的彼岸世界为神学服务，而是直接面对经验世界，改善人的现实生活，并促进人的此岸幸福。怀疑精神和经验原则是近代哲学的起点，两大流派正是在这共同起点的基础上而发展起来的。虽然它们的理论体系水火不容，势不两立，但对于承认共同起点却表现出难得的一致。

（二）经验论哲学

“经验论哲学”，顾名思义，其研究领域限定在感觉经验。关于人类知识的来源，洛克提出了“白板说”：人的心灵如同一块白板，一切知识都是通过后天经验写到这一白板之上的，没有任何观念是与生俱来的。洛克认为，感觉和反省是经验的两个来源，由此直接产生的是简单观念，简单观念经过心灵实体的加工形成了关系、样态和实体等复杂观念。其中，“实体”则指简单观念和复杂观念附着其上的超验基质。由此，洛克从认识论问题过渡到本体论的问题，经验对象得以可能的逻辑前提是某种超出经验的本体。显然，按照经验论的原则，一切知识的来源只能是经验自身；但是物质实体和精神实体的存在却是经验之外的推理结果，其根据是“一切感性性质必有基质支撑”这一信念。也就是说，“实体”是根据“凡是存在之物必有存在原因”的原则推理而来的。这一原则自身并不存在于感性经验之中，如果它不是天赋的，又从何来？在这里，洛克的学说陷入了矛盾。

贝克莱在经验论上比洛克走得更远。贝克莱认为，在认识中，既然认识对象、对象性质和感觉表象三者之间保持同一性，那么，就不存在所谓超验的实体，“物质实体”只是观念的产物。贝克莱主张认识路线应该是感觉观念通过可感性质而形成物质实体观念。由此，贝克莱得到一条重要的经验论原则：“物是观念的集合。”在本体论上，贝克莱根据洛克心灵实体组合简单观念形成复杂观念的原则保留了心灵实体，提出了“存在就是被感知”的主观唯心主义原则，即物只不过是各种简单观念通过心灵的有机组合。简单观念通过认识主体的感觉能力得以保证。因此，所谓的“物质实体”，或者是观念依靠心灵实体组合形成，或者根本不存在这一观念。但贝克莱的经验论并不彻底，作为观念支撑着和组合着的心灵实体同物质实体一样不能通过感觉经验得以保证。因此，贝克莱只能抬出“上帝”肯定心灵实体的存在。贝克莱哲学的内在要求使它必须承认上帝的存在，这就为休谟彻底的经验论哲学奠定了批判的前提。

休谟彻底将经验论原则贯彻于哲学研究的所有领域，把“上帝”从经验世界赶走，完成经验论哲学。

在认识论上，休谟坚持“任何观念都超不出经验”的原则，对贝克莱的心灵实体提出质疑。他认为心灵实体和物质实体一样都不能通过感觉而直接感知到，贝克莱通过上帝去保证心灵实体的存在违背了经验论的基本原则。因此，有关实体的问题我们只能存而不论。休谟将贝克莱的经验论发展到了怀疑论：我们对于物质实体、心灵实体以至于上帝这三个对象由于没有相应的感觉知觉，因此对它们一无所知。我们形成的任何有关实体的知识，由于没有感觉经验的保证，都属于不能验证的独断信条，我们实际上唯一可知的只能是通过感觉经验而获得的印象和观念。

休谟一方面彻底批判了中世纪基督教神学的合法性，

使科学摆脱了神学的束缚，为科学发展奠定了合理的哲学基础；另一方面彻底摧毁了知识普遍必然性的可能，知识论从此失去了合法性的根基。

休谟意识到，只有摧毁观念之理性必然的逻辑可能性才能将经验论原则发挥到底。因此，休谟设想认识主体具有非理性的先天的习惯联想能力，这种联想能力是认识主体与生俱来的生理机能。根据这种主观的联想能力，我们能把经常前后出现的印象观念想象为具有客观必然的因果联系；然而这种联系实际上依据主观感觉经验而定，因此只有很高的或然率，而没有绝对客观的必然性。所谓客观因果联系无非是人对主观习惯联想能力的一种不正确的命名。休谟在此将因果关系从一种客观世界的规则变成了一种主观非理性的联想规则。由于传统符合论认为人的主观方面必然是偶然的，外在于人的客观世界才具有必然性，因此普遍必然性的知识必须是主观认识符合客观规律而来。休谟一方面遵循这一原则而导致对知识的怀疑论，另一方面又提示我们所谓客观规则实际上是主体自身主动参与建构的结果，这一点被后来的康德哲学充分发挥。

休谟将逻辑知识限定在形式观念领域之中，从而认为人类现实世界的经验知识即事实知识的基础是人的非理性的心理习惯。他由此摧毁了经验知识的理性逻辑的合理性，理性不能预测和判断任何经验知识的必然性。理性判断的逻辑合理不等于感性事物的经验事实，没有逻辑矛盾的理性判断结果很可能和经验实际情况“差之千里”。两个感性事件之间联系最终要靠经验观察自身来检验，“我们如果没有经验和观察的帮助，想要决定任何个别的事情或推出任何原因和结果，那是办不到的”。但正如康德指出的，人的理论理性的探讨从来不能脱离与实践理性的关系。如果理性思维不能思考现实世界的本质，现实社会的伦理实践关系也无法合理地考察和制定。休谟哲学视角下的人与人的现实关系只能是心理习惯的盲动作用，其最高原则即自然本性的“优胜劣汰，适者生存”，与自然界其他生物别无二致。脱离经验世界的思维概念只是纯粹虚构的逻辑范畴，在经验世界之内也无非是联想律限定的信念价值。因此，建立在理性思维之上的所谓人对于真理的认识和把握的自由也只是“痴人说梦”而已。

休谟生活在有着历史悠久的民主政治传统的英国。对他来说，英国人无需任何重大的抗争与改变，而仅依靠历史形成的文化习俗、服从传统伦理道德，就能自在而体面地生活。但对于生活在刚刚摆脱原始野蛮状态不久，经济发展十分落后，没有民主政治传统的德国人康德来说，依靠理性确立的自由原则推动德国落后思想观念的变革和发展，论证人人平等的伦理原则，改变德国封建保守的面貌则是他哲学的当务之急。这就决定了康德必须将休谟割裂了的逻辑世界和经验世界重新统一起来，从而为人的理性制定的实践法则找到合理的依据。

（三）唯理论哲学

怀疑论是经验论逻辑发展的最终结果，也是唯理论哲学的逻辑起点。这一看似巧合的情况实际上是两种不同思维方式的必然结果。认识论之所以不同于简单的形式逻辑和经验认识，是因为认识论一方面要有真实的认识内容，不能脱离此岸的感觉经验而空谈逻辑；另一方面对于经验内容不能只限于简单的内容描述，而是要将这些经验内容整理到符合逻辑且具有普遍有效性的思维形式之中。这两个因素是经验论和唯理论都十分关注的。

经验论者注重认识内容的有效性，因此感觉经验是其关注的中心，知觉印象的客观有效性是其不证自明的理论前提；唯理论者则关注思维形式的必然性。感觉经验虽是人实实在在的当下感受，具有真实的有效性，但经验内容也随时间不断变化，不能恒久保持。这便给唯理论以攻击的可能。

笛卡尔在认识论上坚持怀疑论。他反对经验论“一切观念均源于经验”的原则，认为这一原则作为一种观念不具有自明性。相反，由于上述理由，他大胆地怀疑感觉经验以及一切未经怀疑东西的真实性。最终，笛卡尔认为只有怀疑本身才具有普遍必然性，因为一切东西都可以置于怀疑的拷问下，唯独怀疑自身不可怀疑；而怀疑作为一种“思”，必有思维的主体，这个主体即我，因此笛卡尔认为“我思故我在”。

笛卡尔根据主体“我”的存在，借助中世纪安瑟尔谟关于上帝本体论的证明而由认识论过渡到本体论，证明上帝作为最高实体而存在。接下来和贝克莱类似，笛卡尔借由上帝实体保证物质实体和精神实体存在：“精神无广延，物质无思维”，物质实体和精神实体互不干扰而形成心物二元论。

如此一来，在方法论上，经验观察如何能成为知识观念便成了一个疑问。为此，笛卡尔又提出“身心交感说”来解决这一矛盾，即通过松果腺的作用而协调人自身的精神属性和物质属性。这便导致认识论和本体论的相互矛盾：本体论上要求心物之间互不干扰，以保证上帝实体对这两种实体的决定作用；认识论上要求思维整理经验而获得知识，单靠信仰上帝无法获得有关感觉经验的真实知识。这一矛盾只能留待后人解决。

斯宾诺莎意识到笛卡尔在本体论上的矛盾，因此对其本体论进行了改造。

本体论上，斯宾诺莎将上帝设定为唯一实体，但“上帝即自然”，这一上帝不是从无到有的在时间先在性上创造世界，而是内在于万物之中，在逻辑先在性上作为绝对本质而统治自然。斯宾诺莎将物质和精神设定为上帝这一实体的两种属性，物质属性和精神属性对人表现的特殊情况叫样式，它们分别产生作为经验世界的广延样式和意识心理活动的思维样式。上帝作为最高实体保证物质属性和精神属性在普遍性与必然性上的和谐统一。这样一来，有关它们的知识作为同一实体的“一体两面”而保持一致，这样就避免了物质实体和精神实体只能经验层次上相互影响的视角对认识真理性的论证造成的困难。由此，笛卡尔身心交感说和心物二元论的矛盾得以解决。

认识论上，斯宾诺莎将人的认识能力分为三类，即最高级的直觉认识能力，第二级的理性认识能力和最低级的感性认识能力。这三种认识能力分别产生了三个等级的知识，对上帝实体的直觉认识产生有关“上帝实体”的真观念，这类真观念无需推理和感觉经验给予保证而为人所与生俱来，是具有绝对自明性和普遍性的知识；对物质和精神属性，即作为整体的物质世界和精神世界的认识是理性认识。理性认识遵循逻辑推理从真观念开始，推出一系列理性观念。这种证明而来的观念虽然不是与生俱来的，但由于其来源于真观念，如果推理前提和推理过程无误的话，一般也具有普遍必然性；感性认识通过对于某些传闻道听途说或对个别事物感觉经验得到经验观念，这种观念由于依靠低等感觉而来，因此只是一些偶然性的意见。

斯宾诺莎试图通过泛神论的上帝实体和具有最高自明性的直觉知识来解决以往哲学的矛盾。但上帝实体是他直接改造基督教神学而来的，本体论上只有上帝实体才能保证直觉认识，认识论上只有直觉认识才足以认识上帝实体。斯宾诺莎因此在本体论和认识论上陷入了循环论证。

莱布尼茨推进了斯宾诺莎的实体学说。在莱布尼茨看来，斯宾诺莎规定的上帝实体过于抽象，他虽然认为这一实体有物质和精神二种属性，但没有说明实体的二种属性何以可能。莱布尼茨将斯宾诺莎的一元实体“打碎”为单子实体，提出了多元单子论。莱布尼茨论证说，由太上单子一次性创立的多元单子彼此之间互相孤立，不发生作用。各个单子保持自己的自由性和完整性，并作为形而上学的“点”而存在。全部单子组成一个整体的单子世界，单子与单子之间没有量的不同，只有质的不同，即知觉能力的不同。一系列从最低级的只有微知觉的低级单子到有统觉能力的高级单子，直至直接表达世界本质的太上单子构成了完整的单子等级序列。所有单子依靠太上单子而限定和谐，自由运动。

认识论上，莱布尼茨将传统唯理论哲学中物质实体及其广延何以可能的本体论问题转化成了认识论问题。不同知觉等级的单子表象不同层次的世界，所谓广延的物质世界不过只是单子堆积的一种主观表象，并不具有客观实在的意义。众多单子依靠太上单子的一次性创造而自由运动，反映到具有感觉知觉的单子上就表现为经验世界的流动变化。反映到具有思维知觉的单子上则表现为观念世界中不同观念的转化。单子的知觉能力越强，所表象的世界越清晰越真实，在太上单子那里整个世界无非是一堆单子而已。人具有感觉知觉和思维知觉两种能力，感觉经验作为一种刺激可以提示思维知觉构建概念体系，但由于思维知觉高于感觉知觉，所以归根结底，思维知觉构建的概念体系更具真理性。由此，莱布尼茨就表现出思维理性可以凭借自己而构建真理体系的独断论倾向，这点被后来沃尔夫发展形成莱布尼茨—沃尔夫独断论体系。

在莱布尼茨的哲学理论中出现了一种与休谟哲学相似的倾向，那就是不自觉地用认识论重构本体论，将所谓本体论客观世界转换为认识论不同知觉能力单子的表象结果，由此在客观上促进了康德哲学的诞生。

（四）经验论与唯理论的根本对立

近代哲学充分意识到脱离对认识的考察而直接断言本体的古代和中世纪哲学的局限性，并进入到了“认识论反省”的阶段。哲学家们试图通过对认识论问题的解决而澄清本体论的前提。近代哲学继承古希腊哲学实体本体论的思想，承认实体本体在认识主体之外，是认识客体和认识工具得以存在的必要保证。但实体本体论和主体认识论之间存在着巨大的理论矛盾。经验论继承古希腊自然哲学理论旨趣，认识论上注重认识内容来源的实在性和有效性，坚持感觉经验的自明性，在时间先在性上讨论印象和观念之间的关系，将思维形式仅归结为人的主观联想和人为设定；唯理论则继承古希腊精神哲学的研究方法，认识论上注重思维形式的逻辑性和严谨性，坚持知识形式的自明性和客观性，试图用逻辑先在性关系整理和规范感觉经验，以保证知识内容的客观和有效。在他们看来，未经逻辑整理的经验内容只是偶然性的感觉印象，它们是转瞬即逝的，没有普遍必然性。

唯理论的认识论通过斯宾诺莎式的“理智直观”直接认识上帝实体，获得有关实体的直觉知识。但认识中的理智直观之所以可能的条件，是由实体自身保证的。理智直观这一思维样式使实体的知识等同于主体的知识：主体如何规定实体，实体便是怎样。但这样一来，实体就无法保证自己的绝对的客观性和独立性了。在这里，唯理论者陷入了认识论与本体论循环论证的怪圈。

经验论认识论以感觉经验为根据，肯定感觉经验的独立自存。感觉经验得以成立的前提是其背后的不可感觉的物质实体，这也就是从逻辑上肯定物质是运动的，运动是必然的，思维运动是物质运动的必然反映，因此认识论可以获得必然性知识；但认识论从流变的感觉表象之中只能获得偶然性知识，而且认识无法从感觉经验中肯定其背后的物质实体的存在。经验论因此或是独断地肯定经验外的实体存在而走向庸俗唯物主义，或者将经验论原则贯彻到底，走向休谟式的怀疑论。

二、康德：哲学的哥白尼革命

按照哲学史上通行的说法，康德完成了哲学中的哥白尼革命。在康德之前，哲学家的主流看法是我们的认识要与一个客观的对象相符合，要“观念符合对象”，真理性存在于对象那一边。康德彻底改变了这种真理观，而认为认识的确定性与真理性不在于对象那边，而在于作为我们主体这边。具体来说，是我们的一种活动性的、有着组织作用的意识机能，也就是知性范畴对感性材料的综合与整理，使我们的经验世界有了客观性，知性范畴为我们提供了经验的种种确定性原理。这就实现了客观性与确定性问题从客体侧向主体侧的转移，用康德自己的说法，完成了哲学的哥白尼革命。康德哲学论证精密，问题域宽广，涉及认识论、道德哲学、美学等诸多方面，是一个庞大的哲学体系。在这里，我们主要介绍他的认识论哲学，这些讨论主要包含在他的著作《纯粹理性批判》中。

经过经验论与唯理论洗礼之后的认识论，已经变为如下问题：人的理性在何种意义上能够获得知识？其适用范围如何？我们平常所谓经验知识是否只是我们的习惯性联想而无甚普遍必然性？经过经验论者洛克与休谟的批判，传统的形而上学中关于上帝、世界整体、灵魂的知识还有无可能？所有这些困惑，都是理性的困惑——按照康德的看法，人类理性的所有困惑，都是理性加诸自身的。这些困惑涉及到自然科学的真理性问题与一些传统形而上学的中心问题，我们不能置之不顾。康德想出了一种独特的思路来回答这些问题。

按照康德的想法，要解答这些困惑，必须首先对理性本身进行“批判”，划定理性各种能力的界限。也就是说，在理性进行自己的工作之前，必须首先审查自己有无这样的能力去认识关于数学的知识、自然科学的知识以及形而上学的知识。在理性有权发挥作用的领域，必须论证其确定性；在理性无权置喙的地方，必须说明其“僭越”之不合法。康德从不怀疑在数学、自然科学，甚至在形而上学命题中，都具有普遍必然的综合命题，康德在《纯粹理性批判》中将之命名为“先天综合判断”。于是，关于知识之可能的问题，被康德归结为先天综合判断何以可能的问题——康德并不讨论它们是不是可能，在康德看来它们一定是可能的。他给自己规定的任务，只是要演证它们如何可能。

这里我们先来解释一下什么叫作综合判断和先天综合判断。分析判断与综合判断的划分，来自休谟。我们知道，“s是p”就是判断的一个普遍形式，其中s是主词，p是谓词，是对主词的描述。按照休谟的说法，所谓分析判断，就是谓词的内容已经包含在主词的内容之中的判断，例如“凡是人都是会死的”，其中“会死”的意思已经包含在主词“人”的意思之中了。这样看来，分析判断不会给我们带来任何的新知识，它只是说出了已经原本地包含在主词中的众多的意思中的一种。而综合判断就不是这样，在综合判断中，谓词的意思并不包含在主词的意思之中。例如“花是红的”这个判断，“红”这个概念，并不是主词“花”这个概念必定具有的，它并不包含在主词中。因为花还有可能是黄的、白的，等等。所以，这个判断就是一个综合判断。如果我们说，“花是有花瓣的”，那么这就是一个分析判断。按照休谟的看法，分析判断的主词和谓词之间有着逻辑上的蕴涵联系，因而是普遍必然的判断，表达着必然真理；综合判断中，主词和谓词之间没有逻辑上的蕴涵关系，而只是被偶然地联结在了一起，因而只表达着偶然真理。这样一来，我们的经验知识，包括经验科学就都属于综合判断而没有什么普遍必然性了，这必然导致对科学的信仰危机。这一点是康德不能接受的。

由此，康德在休谟划分的两类判断之外，加入了一类更为重要的判断，这就是先天综合判断。所谓先天的，也就是不依赖于经验而普遍必然的意思。因此，先天综合判断，就是不依赖于经验而普遍必然地为真的综合判断。在这里，这种判断尽管是综合判断，它的谓词的内容并不包含在主词中，但它也普遍必然地为真，它能够为我们提供新的真知识。我们的自然科学知识，就属于先天综合判断。例如，按照康德的看法，“一切事情的发生必然是有原因的”就是一个先天综合判断。那么，康德是如何论证先天综合判断之为可能的呢？

康德将人的理性能力分为感性、知性与理性（狭义）三种。其中感性负责接受外界刺激形成感觉，并以时空纯形式整理为知觉。知性的纯形式，康德称为范畴。范畴按照一定的形式联结与整理知觉，形成经验。按照康德的意思，这种经验中的对象，是我们的知性整理感觉材料的结果，是经过我们自己的活动性认识能力处理过的“产品”，是现象，而不是物自身了。知性在整理感性材料的过程中依照的原则就是范畴提供的一些先天综合判断。因此，我们平常所见的现象中，在我们的经验中，本身就包含着先天综合判断，也就是普遍必然的综合判断。它们是我们自然科学的基础。理性则对经验进行处理，形成经验总体，或者其他理念对象，如灵魂、上帝，等等。

作为对经验主义者的回应，康德在“先验感性论”中论述了几何学知识之可能，并对其适用于经验的普遍有效性作了论证。以几何学为例，几何学的所有对象，是我们按照其几何学定义在空间纯直观中由先验想象力构造出来的，这就保证了所有几何学对象及其关系、演算能够作为一个系统而自洽，从而几何学是可能的。又因为空间作为直观纯形式，又是外部对象向我们显现的形式，即经验直观的先天形式，从而得出几何学对象与经验对象共享感性的先天形式——空间，从而几何学不仅是可能的，而且对经验对象普遍必然地有效。

而在“先验分析论”中，康德力求“在人类知性中溯求纯粹概念之原始种子及其最初倾向”并认为知性的纯粹概念，即所谓范畴，“本在知性中备有，其后遇有经验机缘始行发展”。在这里，我们可以清晰地看出康德如何受到洛克与莱布尼茨论战的启发。其实，上述论战的结果加上所谓休谟疑难一块，清晰地勾勒出了康德的知识论的进路：肯定唯理论者，承认我们的心灵中有某些机能，而这些机能为知识提供形式；肯定经验论者，认为我们所有的知识内容来自经验。除此之外，要将我们的心灵的机能作具体化、逻辑化表达，至少要包含因果关系。这样，康德就既综合了经验论与唯理论的成果，又可以利用这些成果来回答休谟疑难。他所做的工作，简单地说，就是要论证在我们的知性中本来就包含着固有的逻辑形式，这些逻辑形式是我们整理经验现象的具体规则。

康德的论证思路大致是：我们所有的知识都基于判断，也就是以判断的形式将知觉表象进行联结整理。所以我们思考的具体形式，也就是判断的那些具体形式。换言之，只要找出了判断的形式，也就找出了我们组织、构成经验的知性纯粹形式——范畴。于是，康德参照纯粹逻辑的判断表，制定了范畴表，包括十二个范畴，并认为这些范畴组成了我们知识的原理，这些原理都是先天综合判断。接下来，康德就论证知性如何以范畴表中的范畴对感性材料进行“联结”

与“规范”，将之组合成为我们普通所看到的符合规律的形式。由这个论证，提出了“知性为自然立法”的著名论题。我们一般把事物之间的普遍必然的联系叫作“法则”，康德现在说，普遍必然的联系不在于事物本身，而在于我们的知性范畴。因果性范畴也是这样一种知性范畴，它在我们构成经验的过程中发挥作用，所以我们的经验必然是符合因果性的。这样一来，康德就回答了休谟疑难，论证了因果关系的必然性。

不管如何，康德哲学精彩地回答了两个问题，第一，我们关于自然的普遍必然的知识为什么是可能的；第二，我们关于本体，也就是先验理念（如上帝、灵魂、世界整体）的知识是不可能的、是自相矛盾的。

按照康德的见解，我们的经验知识特别是因果律之所以有必然性，其主要原因就在于我们的知性范畴对感性材料的综合与联结作用。我们的感性只是被动的接受能力，它接受外界的刺激，形成感性的质料；而知性则是规则的能力，它通过范畴将感性材料组装为我们的经验世界；最后，理性是提供原则的能力。我们的理性，其主要功能在于推理，也就是通过不断地追求现有的知识的前提，来将知识串联为一个整体，也就是提供整体的原则。理性通过推理能力对知识前提的追寻，总是趋向于找到一个无前提的绝对性的东西，如果理性将这种东西认定为是存在的，那么它便是先验的理念。我们关于它们只能具有悖谬的知识，而不可能有任何确定的知识。之所以如此，是因为我们关于对象的知识，至少要包含感性要素与知性范畴；但因为先验理念本身不在时间空间之中，因此我们便无法对它们有任何的知识。如果非要追寻这种知识，便只能产生种种悖谬。

三、黑格尔与辩证法：概念中流窜的活火

在西方哲学史上，辩证法一直都或隐或显地扮演着重要的角色。从辩证法的表现、基础及以历史演进等方面来审视西方哲学的整个发展是十分必要的。

（一）辩证法的表现：形式逻辑的局限与辩证逻辑的超越

这里我们把西方哲学中的逻辑学与知识论放在一起来谈。知识论是有关真理性知识何以可能的学说。具体来说，我们可以将知识分为知识内容和知识形式。只有内容真实、

形式正确的知识才能被称为“真知”。知识形式和知识内容与逻辑学中的形式逻辑和辩证逻辑有着密切的联系。形式逻辑反映了思维形式的规律，可以保证知识形式的正确性；辩证逻辑则体现了思维内容的规律，可以保证知识内容的真理性。

辩证法大师黑格尔认为辩证逻辑是形式逻辑对于自身局限性的自我克服和改造。因此，为了更好地理解辩证逻辑，我们从较为熟悉的形式逻辑出发。

形式逻辑是有关思维形式的逻辑，它不涉及具体思维的思维内容，是保证思维过程正确性的思维工具。传统的形式逻辑的典型代表就是亚里士多德的三段论。三段论分为给定大前提、给定小前提和推理出结论。大前提一般是全称判断，例如“所有人都会死”。小前提一般是单称判断，如“苏格拉底是人”，根据大小前提和形式逻辑的规律我们可以推断出苏格拉底会死。因此，形式逻辑内在的普遍必然性可以保证通过思维形式表达出来知识形式的正确。一切“真知”如果为真就必须遵循形式逻辑，形式逻辑是“真知”的必要条件。

我们在日常知识层面上往往关注形式逻辑。要求一个人说话、写文章要有“逻辑”，这个“逻辑”往往指的是形式逻辑。日常生活中我们说一个人“前言不搭后语”、“胡言乱语”就是说他不符合形式逻辑。比如上面举出的例子中，如果将大前提改为“很多人会死”，或者将小前提改为“苏格拉底不是人”、“苏格拉底是桌子”都不能推断出“苏格拉底会死”；即使苏格拉底最终死亡，也不能证明推论过程的正确性。因此如果给定大前提和小前提都正确，我们严格按照形式逻辑去推理则结论必然正确。

但日常知识不太关注大前提和小前提自身内容的真实性，或者说，我们受朴素经验论的影响都认为大前提和小前提都是通过对日常经验的概括和总结提炼出来的知识，也就是说很多作为推断新知识的大前提和小前提作为既定的知识恰恰不是严格地通过三段论证明出来的，自身不具有真理性。例如，有人曾经总结说“所有的天鹅都是白的”，理由是迄今为止所有人都没有见过黑天鹅，因此人人都承认天鹅是白的。如果这个命题是真的，那么以后只要提到天鹅，我们就可以在还没有看到的情况下直接判断天鹅是白的。但问题的关键在于：我们作出这一判断的根据真的合理吗？仔细想想便会发现，这种“人人都承认命题为真，所以命题为真”的判断其实是错误的。自然科学的发展不断纠正着人们对于自然世界的固有偏见和谬误；古代人认为曾经普遍认为“天圆地方”，近代天文学则告诉我们地球是圆的；欧洲中世纪曾经有很多人迷恋“炼金术”，试图“点石成金”，近代化学则告诉我们不同化学元素之间转换的原理，否定了点石成金的直接可能性；文艺复兴时期的很多科学家都曾经试图制造永动机，之后的物理学则通过能量守恒和热力学基本原理定律揭示了“永动机”的荒谬性。可见，无论是一般人经验层次的普遍共识，还是科学家经验层次的共同认定都不足以保证任何命题的真理性。

休谟就自觉地认识到了这一点而将经验论发展到了怀疑论的阶段。休谟认为一切经验知识无非是人们常识判断的总结，由于常识判断受到时间和空间有效性的限制，因此不具有超时空的普遍必然性，只具有经验范围的或然性：可以是这样，也可以是那样。他进而怀疑一切客观知识的普遍必然性，数学知识虽然有普遍必然性，但是它是人为设计的主观知识。自然科学则试图揭示客观世界的因果关系的必然规律，但由于经验知识本身的局限性，所以自然科学知识不可能有普遍必然性，也就是说知识形式可以有普遍必然性，但知识内容不可能具有普遍必然性。休谟由此更近一步，他甚至否定客观世界的因果联系，代之主观心理的联想律。举例来说，我们在日常经验中常常观察到太阳晒热石头这一自然现象，并依据此现象判断出太阳晒热了石头。而休谟说我们之所以说因为太阳晒了石头所以石头热，是因为温暖的太阳经常出现在先，热石头这一现象往往是我们在感受到太阳的热度之后再感受的，所以我们依据心理联想律而自然而然地作出太阳晒热石头的判断。然而，我们唯一能体会到的并且唯一能判断为真的只是热太阳和热石头这两个感觉印象，至于感觉印象之间的关系，我们只能说出前后而不能说因果。因此，整个客观的经验世界按照休谟的解释来说就是由一大堆连续不断的偶然感觉印象组成，当下的感觉印象构成我们鲜活的经验，过去的感觉印象构成我们的记忆，它们储藏在大脑之中形成观念。一切经验知识只有或然性的主观联想，没有因果性的客观联系。

休谟的怀疑论摧毁了自然科学的根基，使自然科学的发展陷入了障碍。为此就必须发展出一种切入知识内容的逻辑，使知识内容具有普遍必然性，唯有如此才能解决所有大前提“来路不明”的困境。

自觉地意识到这一问题并力图解决这一问题的哲学家是康德。康德为此发展了一种切入知识内容的先验逻辑，而先验逻辑正是辩证逻辑的前身。

康德认为经验论之所以走入怀疑论，是因为经验论哲学“超验”看待经验自身，所谓“超验”简单说就是超越可证伪的经验层面而无条件地认定一些观点和判断的正确性和必然性，因为经验之内的具体知识都受到时空条件的限制，因此它们很难有普遍必然的正确性。休谟虽然否认一切经验知识的真理性，但他却将日常经验之“整体”客观性和外在性看作不证自明的前提，承认感觉印象的外在性和接受性，并认为一切知识来自经验，也开始于经验。但问题是他没有看到日常经验和感觉印象中主体的建构作用；将形式逻辑看成是一种主观设定的逻辑，却没有发掘出形式逻辑背后的有关知识内容的先验逻辑内涵，封锁了主观逻辑通达客观知识的道路，而休谟忽视的地方恰恰是康德着手的地方。

康德认同一切知识都来自经验，但并不认为一切知识都开始于经验，康德将经验分为主体的先验逻辑和客观的感性杂多，对经验自身展开了批判；同时，康德对经验自身的批判也是通过对形式逻辑的改造而来的。

从对经验论的批判方面来说，经验论将判断再分为分析判断和综合判断。所谓分析判断就是分析已有概念内涵，澄清其内在的各种成分，因为不掺杂新的经验内容，所以可以保证所得命题的普遍必然性，但不为概念增加新的内容。例如，“红苹果是红色的”就是一个分析判断，上述的形式逻辑的三段论推论也属于分析判断，结论“苏格拉底会死”并没有为大前提增加新的内容，是大前提的应有之义。综合判断则与此相反，它可以为概念增加新的内容，但并不保证所得命题的普遍必然性。例如，“红苹果很好吃”就属于综合判断，虽然为我们增加了新的知识，但是同时掺杂了新经验内容，所以是或然性的判断，不具有普遍必然性。经验论严守这两种判断分类：分析判断是先天的，即无需经验的，它有普遍必然性却没有新的内容。综合判断是后天的，即需要经验的，它有新的内容却没有普遍必然性。

康德的突破之处在于探讨一种先天综合判断可能性问题，也就是既不牵涉经验，又能扩充新的内容的知识。康德发现数学知识就是这种通过先天综合判断而来的知识，例如7+2=9，我们对7+2进行分析并不能得到9这一概念；再例如“两点之间直线最短”我们通过“两点之间”也并不能分析出“直线最短”这一内涵。康德认为我们之所以能得出这些结论，是因为我们具有主动构建空间图形和时间前后的主体能力。通过这种主体能力我们可以直观到7个点加上2个点等于9个点，也能直观到两点之间直线的距离最短。这种主观能力就是先验想象力。总之，康德认为先天综合判断是可能的，这一证据就是数学知识，而康德通过对数学知识的说明又解释了人的先天直观的存在，所谓“先天直观”就是将空间和时间理解为人主体的一种先天的直观性的接受能力。受牛顿经典物理学的影响，我们一般将时间和空间视为脱离于主体的客观存在，为主体所被动的反映。但康德认为牛顿物理学的时空模型的最大问题就在于脱离了主体的时空失去了能动性，无法自行构造“图形”，而数学知识也就失去了可能性。

由于数学知识被理解为先天综合判断，而先天综合判断又与时间和空间直观能力密不可分，时间和空间既具有主体能动性能力，能先验地构造各类数学知识和几何图形，又是一种面向感性材料的直观，能将主体之外的感性杂多通过自身而呈现给主体，因此这种直观能力及其背后的先验想象力是打通主客体藩篱，使逻辑切入知识内容的关键。

而时空一旦成为感性直观，一种具有主动性的接受能力，则面对感性的外在材料我们就能将其整理成符合空间特性并且具有一定持存性的几何图形；或者说我们就可以用主体自我构造的各种先验图形去“套”各种经验性材料，将其整理为各种具体经验。在此意义上，我们可以明白为什么康德说一切知识来自于经验，但并不都开始于经验。因为从上述分析看，从逻辑层次上讲经验之前存在先验环节，即先验结构和感性材料共同构成具体经验，所以按照康德的理解，知识来自经验，但开始于先验。

从对形式逻辑改造的方面来说，休谟认为形式逻辑的一般形式即“s是p”恰恰只是一种主观逻辑设定，不能运用于对客观感觉印象之中。我可以描述我的主观感觉说我感觉太阳很热，石头很热，但我不能下客观判断说太阳是热的，石头是热的。因为这样一个连词“是”不仅仅是形式逻辑层次上的等于，也是认识论层次上的客观必然知识的“形成”。连词“是”彰显的恰恰是主体的能动性，是主体通过统觉将仅仅具有主观感受性的描述提升为具有客观必然性的知识，也就是说主体赋予了感觉印象以必然性而形成知识。所以康德认为形式逻辑忽略了系词“是”中蕴含的哲学含义，康德则通过揭示系词“是”内涵而改造形式逻辑，使形式逻辑升级为能够切入知识内容的先验逻辑。

具体来说，康德改造了与形式逻辑相关的传统逻辑的逻辑判断表，逻辑判断表是承继古希腊哲学家亚里士多德的范畴表，这一逻辑判断表分四类共十二个，分别是量上的单称判断、特称判断和全称判断；质上的肯定判断、否定判断和非否判断；关系上的定言判断、假言判断和选言判断；模态上的可能判断、现实判断和必然判断。这十二类判断蕴含了命题判断的所有的可能类型，任何一个判断都能从这四个方面进行衡量。但逻辑判断表和知识分类表，本身不具有主动性，康德则将其加入主体统觉的能动性而使其升级为面对知识内容的范畴表。例如，量的分类的三类判断一经转换就成为单一性、多数性和全体性的范畴。例如，当我们作单称判断：张三是个好人。我们实际在认识论的角度能动地将张三的一生视作一个全体，从全体性角度揭示了张三一生的内在品质——好人；当作全称判断“三班学生都考试及格”，我们从认识论角度能动地将三班学生视为拥有多个共同点的群体，并且将及格视为其拥有的很多共同点中的一个。其他判断的改造也是基本如此。如此一来，逻辑判断表的能动的认识论的内涵就通过康德的范畴表生动地展现了出来。

举例来说，让我们来看“树叶是绿色的”这一命题，形式逻辑只检查这个命题的形式是不是符合同一律即“s如果是p，就不能是-p”，至于具体内容真实与否则不管；休谟则认为我们只能表达我们的主观感受，“树叶当下这一刻给我绿色的感觉”，至于其客观性内容则无法知晓，存而不论。而康德则认为我们有资格下“树叶是绿色的”这个判断，因为我们的主体有能够统摄一切的先验统觉，统觉通过“实体与偶性”这一组知性范畴和时间的先验直观能力相结合，可以形成实体在一时间中持存，而偶性则是伴随着实体出现一段时间的性质这一先天原理；因此，当我们在自觉地经验到树叶和它是绿色时，必然是在时间之中，而在时间之中呈现的一切都要受到先天原理的规范，而这也是能够“自觉”的前提。同样是面对绿色的树叶，动物也会有感觉，但动物对它的感觉是自然的条件反射，动物只为生存而活动，只具有唯一的“物的尺度”，无需自觉到树叶是什么颜色（也没有那个必要）而直接对树叶进行生理“加工”将其食用或者弃之不理。也就是说，人对于对象的认识这一活动是一个伴随着自觉意识到高级的“人的尺度”的活动，这一活动没有休谟认为的那么简单，这一认识活动如果没有先验逻辑的参与是根本不可能完成的。

先验逻辑作为辩证逻辑的前身已经体现了主体的能动性，但还未彻底达到黑格尔“主体即实体”的要求。也就是说康德的先验逻辑中的最高“拱点”——统觉活动依然被看作需要在逻辑上预设物自身支撑的“属性”。虽然康德批判笛卡尔的“我思故我在”的荒谬性，但康德自己也认为统觉充其量也只能是主体性的能动活动，是实体主体性的体现。

黑格尔则在此做文章，认为不能将主体性仅仅视为实体的能动的表现，而应当将这一主体性的能动活动视为是主体自身即实体自身的活动，而这一活动过程本身也就是实体自身；无需人为地割裂主体和实体，统觉背后没有什么物自身，物自身本身就是统觉活动，物自身本身就是能动的活动过程。不仅如此，感觉材料背后的物自身也是能动的主体活动本身，只不过这个主体不能直接等同于康德意义上的人自身，而是整个宇宙万物，整个宇宙万物都具有主体能动性，都要通过活动自我生成，虽然是自在的无意识的生成；而人则比较特殊，是有意识的自为的主体，能通过其自身意识到蕴含在宇宙万物背后的主体能动的本质特征，能体会到宇宙万物生发不息、自由发展的内在活力。在黑格尔看来，“树叶是绿色的”这一命题之中，彰显的就是树叶“是”起来的生命过程，而不仅仅是“等于”或“包含”这类形式逻辑的知性意义，也不是康德哲学认识主体通过统觉的加工所得，而是树叶自身就有内在的主动性，即努斯精神。它要否定和突破自己的既有状态，要自由以绿色的方式展现出自己，以绿色的方式能动存在起来，而这一自在的能动的自我发展、自我突破历程又被有意识的、自觉的能动生存的人类所意识到，按照其内在的生命规律即逻格斯表达为“树叶是绿色的”。因此，我们在此过渡到下一个内容。

（二）辩证法的根基——理性主义的逻格斯精神与努斯精神

在上文中，我们通过分析“树叶是绿色的”这一命题的意义已经初步接触到了构成其成立的两大内在精神即逻格斯精神和努斯精神。

逻格斯，希腊文是logos，原意为“言说”，即人用语言表达自己的命运时遵循的规范，因此又可以引申为“规律”的意思。文化精神奠基于这一文化所属群体的生存方式。我们知道古希腊城邦生活是一个以工商业为本的社会，贸易非常发达，陌生人之间的交流非常普遍，交往范围远至欧亚非三大洲。陌生人之间为了保证贸易的顺利进行就必须通过逻辑制定契约，严禁规定每个人在活动中的权利和义务，并且严格按照契约要求从事活动，这是希腊社会的普遍共识。

由此发展出的思想认为语言呈现的是人与人之间的客观规律，在契约社会中具有规范和法律的效力，一视同仁地对待所有人。今天西方社会“法律面前人人平等”的精神便是对此的体现。对语言呈现规律的重视必然体现为对语法和逻辑的重视，逻辑一词也是由逻格斯演变而来。

从哲学史上来说，古希腊米利都学派最早的开始万物的“始基”，即arche，中文意思是开端和执政官。这一“开端”就已经体现出西方哲学的力图超越自然一般状态而力求把握能够统摄自然一般规律的要求。最早的泰勒斯将万物的始基归为“水”，因为古希腊有“海神是万物的父母”的传统宗教观念，海洋文化认为万物来源于水又复归于水，任何东西离开水则无法持存。但“水”为始基过于感性和自然，没有超脱自然的牵绊。因此他的学生阿那克西曼德将始基归结为“无定形”，因为在感性世界中只有无定形才能超越一切的有形之物，特别是不再陷入水的感性形象的矛盾之中。但“无定形”只是对于有定形的否定，即只是说出始基不能是什么，但并没有说出始基是什么，因此只是一个否定性的命题。因此接下来的阿那克西米尼将万物的始基归结为“气”，无色、无味、无定形、不可见，于是克服了无定形的单纯否定又继承了无定形对于水“有定形”的批判。因此“气”是米利都学派思考水平的最高体现，而且整个米利都学派的三位哲学家的思想也遵循“肯定—否定—否定之否定”的自我否定的内在规律。

米利都学派一般被人们称为自然哲学，归根结底是因为他们的眼光只局限在感性世界中，满足于找到统摄自然的最初“开端”和万物来源于此又复归于此的“始基”或“本源”，而对于气和无定形如何给予万物以定性并没有做过多的探讨，即规定性何以可能，而这一“缺口”也为接下来的哲学发展留下突破的方向。对于“制造”万物的原因和动力的寻求，必然要求跳出感性世界，而求助于更高的定型，而这正是毕达哥拉斯的“数”。

毕达哥拉斯认为万物的“始基”是数，即“一”，我们可以将万事万物都统摄于“一”之下，对其进行量化分析并根据数学原则对其进行改造。可以说毕达哥拉斯的“数是万物始基”的思想是西方数理传统的源头。阿那克西米尼的“气”虽然不着色、不可见但毕竟可感，没有完全超出感性范围。但“数”就完全不同，数是一种扬弃一切感性内容和质料的完全形式化、可以证明的、符合逻辑的超感性“始基”，如上所述，我可以通过“数”对万事万物进行规定，因此自然哲学没有解决的规定性问题在毕达哥拉斯的“数”的思想中得到了初步的回答。

但“数”的思想只涉及万事万物外在的量的定形，并没有深入到万事万物自身之中。它与其说超越了感性事物，不如说是回避了感性事物，而只是用自身外在的形式去套内涵丰富的感性事物，它能起到测量和改变感性事物的功能，却无法揭示万事万物真正千变万化的内在动因。

真正既超越感性事物的具象，又深入感性事物内部揭示其内在动因的是赫拉克利特的“逻格斯”思想。赫拉克利特认为世界的始基是“火”，整个世界就是一场燃烧的大火，按照逻格斯的要求在一定分寸上燃烧，在一定分寸上熄灭。火无定形，可以按照不同分寸去燃烧，因此世界上的万事万物丰富多彩多种多样；火又有定形，它按照逻格斯的规制、按照一定的分寸燃烧，自己给自己定形，因此丰富的差异性中又有着内在的统一性。逻格斯就是“一”，就是蕴含在万事万物之中的内在原则。因此火是有定形和无定形的统一，火不像水和气那样没有自己的形状，只能随着环境的变化而变化，你把水和气放在容器之中它就是容器的样子。火有着自己跳动的光焰，必须让它自行燃烧，如果强行压制则火焰必灭；火又不像“数”那样只是外在的单纯的量的规定，没有自我运动的动力，只是一种衡量他物的工具。火自行跳动，但并不是毫无章法地随意跳动，而是按照一定规则、一定尺度自由燃烧，自成为一。因此，赫拉克利特的火的学说既继承了米利都学派始基思想，开端融合于万物之中并统摄万物；又继承了毕达哥拉斯“数”的思想，自成为一，亦即超越性和规范性的统一。由此，赫拉克利特被黑格尔称为古代辩证法的创始人。

赫拉克利特“永恒的活火”最为鲜明地表征了万事万物内在的生命力和能动性，而人的灵魂是“最为干燥的火”，因此具有最高的能动性；内在于这活火中的逻格斯使不能由他物规定的能动者有了自我约束、自我规定的能力，因此也真正具有了内在的自由。

继承赫拉克利特“逻格斯”思想的正是古希腊著名哲学家柏拉图。柏拉图理念论中的“理念”，指的就是统一万事万物的规律和范型，这也就是逻格斯的真实涵义。柏拉图更为细致地研究了“逻格斯”思想。他一方面深入研究了各个理念之间的相互关系，使逻格斯更为具体化；另一方面将逻格斯提升到本体论的地位，为黑格尔的概念辩证法昭示了方向。

所谓深入研究理念之间的相互关系，就是将概念提高到纯粹概念的层次上进行思辨，理清概念的内在逻辑关系，将全部理念由低到高地建立为一个最终趋向于“善”的理念的严密体系。建立这一体系的方法被柏拉图称为“通种论”，即按照“相反相成”的原则，通过对话和交谈在相互对立的纯粹理念之间建立联系、寻求合题，从而使低级概念升华为高级概念。“通种”之中贯穿着赫拉克利特的逻格斯的“一”原则，这个“一”不是靠理念固着于自身抽象的单一，而是由对立、排斥的理念相互生发出来的，例如在一和多、同和异、动和静等概念之间都有一种相反相成、相互转化的辩证关系。而柏拉图之所以想到在纯粹概念层次上进行思辨研究，是因为他将逻格斯提升到本体论的高度。

与我们一般人“名副其实”的理解不同，柏拉图所谓将逻格斯提升到本体论，即要求“倒名为实”，将我们理解的真实，即看得见、摸得着的感性实在的东西理解为不真实的浮云；而将我们认为的不真实的名称、概念之类的形而抽象之物理解为真实、本质性的本体。也就是说，柏拉图认为平日里我们眼能所见、手能所触的感性事物和感官对象都会随时间而逝，无法真正永恒持存，因此只是真实理念的“副本”；理念虽然无形无色，但却因此得以超脱感性世界的有限性，不受感性条件的束缚，因此是感性事物的永恒的“蓝本”。这一思想在柏拉图的代表作《理想国》中就有所体现，在《理想国》中柏拉图设定了一个“国家”的真实理念，并且用这一理念衡量现存的所有国家，从而对现存国家进行批判。现存国家虽然没有一个能够符合理念“国家”的要求，但这恰恰没有玷污理念国家的神圣性和纯粹性，反而体现出现实国家的种种缺陷和进步的方向。而理念“国家”的思考并不仅仅在于作为衡量现实国家的标准，更为重要的是将理念自身尽可能完善，明晰概念自身的内涵；至于现实世俗国家是否能够按照理念国家的要求去做，这并不是理念自身真正关心的事情。

古希腊哲学集大成者亚里士多德批判地继承了柏拉图的理念论和逻格斯主义思想，将逻格斯固定化为“公式”和“定义”的意思，排除了柏拉图理念论中含混不定和暧昧不明的东西，形成了第一个明确的形式逻辑体系。当然，与后来片面强调确定性和普遍适用性的形式逻辑不同，在亚里士多德的哲学中形式逻辑和本体论、认识论三者是统一在一起的。形式逻辑清晰地分析各个概念的内在规定，其原因是它要面向感性世界，对感性事物加以把握；而感性事物唯有被逻辑把握到的、能够明确通过语言“诉说”的部分才是感性事物的本质部分；同时这种把握和理解也只有通过严密的逻格斯体系才能成为可能。

遗憾的是，亚里士多德之后的形式逻辑越来越倾向于发展成为一种工具性的方法论，逻格斯中心主义也越来越成为西方哲学普遍认同的致思取向。一直到黑格尔的哲学也未能彻底颠覆逻格斯主义的倾向，黑格尔虽然改造了之前的形式逻辑，重新统一了逻辑学、认识论和本体论，但他依然遮蔽掉了蕴含在逻辑和语言下面的丰富的感性内容，遗忘了逻格斯由之而来的真正的感性生活之源；仍然将自己的逻辑学视为某种本体性的存在，视为上帝创世之言说。对此，马克思批评道：“哲学家们只要把自己的语言还原为它从中抽象出来的普遍语言，就可以认清他们的语言是被歪曲了的现实世界的语言，就可以懂得无论思想或语言都不能单独组成特殊的王国，它们只是现实生活的表现。”

努斯，即nous，原意为心灵，也泛指感觉、思想、情感和意志活动的主体。哲学上这一概念的提出主要是用于解决万事万物最终动因的问题。

让我们来回忆一下上边所述的内容，米利都派寻到的世界本源，无论是水、无定形还是气本身连自身都尚未定形，因此也不可能给其他事物定形；毕达哥拉斯将有形的“数”当作万物的始基，但数虽然定形，但其自身不变不动，只能外在地衡量万物，也同样无法真正深入万事万物自身之中去。而且即使用“数”去衡量万物也需要一个主体去执行，因此“数”自身也无法彻底解释万事万物运动的根源。赫拉克利特“火”的学说虽然将万事万物自身运动比喻为一团活火，但这团火为谁点燃？又为谁熄灭？这团火虽然按照逻格斯的内在规律在一定的分寸上点燃和熄灭，但这逻格斯又是为什么而让火以这个分寸而不以那个分寸来燃烧和熄灭？“火”自身虽然蕴含着超感性的因素，但总的来说仍然是感性事物。如果没有一个超感性的动因，则一切能动性就必然寄居在具体的感性事物之中而无法独立自存，这也意味着，黑格尔的实体即主体思想就没有真正的源头，我们对根源的追溯就必然陷入无穷后退之中。

古希腊另一个重要的哲学流派埃利亚学派就根本否认运动真实性，广为人知的芝诺悖论就是要否认运动的可能性：陷入感性就是陷入运动之中，因此超越感性就必须要排除运动。埃利亚学派对感性和运动的质疑反而提醒之后的哲学家必须从超感性的角度寻找运动的真正来源。

经过前边一正一反两个角度的思考，到阿那克萨克拉那里就有了更为深刻的“合题”。阿那克萨克拉将整个物质世界看作是无数“种子”混合的产物。每一个感性事物中都蕴含所有种类的种子，“一中包含一切”，但决定这一感性事物则是由占比例最大、地位最高的种子决定。而决定比例和地位的是超越物质的纯粹心灵本质——努斯。努斯在“万物中最精最纯，它有关于一切事物的所有的知识，具有最大的能力”，“支配一切有灵魂的事物，无论大的或小的。努斯也支配整个漩涡运动，使它在最初开始旋转，一切因努斯的安排而井然有序”。由此，我们可以发现努斯的两个特点：第一，努斯不属于感性世界，与任何感性事物没有可比性；由此，第二，超感性的努斯是真正独立自主，自为存在的。“心灵是真正的推动者”，它在整个物质世界之外安排整个世界，自身不属于世界中的任何一个部分。它在等级上超越感性事物，是摆脱一切束缚而不断追求自由的真正的主动性。而努斯“安排”整个世界正是能动地从物质世界任何一物开始，通过因果联系逐个超越每一具体感性事物，最终超越整个感性世界升华为超感性世界的过程。这样便使物质世界有了规范性，同时这一规范性也正是努斯自由活动的体现。由此，由机械因果联系起来的整个世界就有了一个自由的“起点”。但阿那克萨克拉没有说明努斯为什么把这样一种机械性当作自己的目的，也就是说努斯只是体现了对于物质世界否定性的自由超越，而没有体现自身的终极目的，因此整个物质世界宛如一条“射线”，虽然有了一个自由的起点，却没有自身的终极目的。

苏格拉底正是在此问题上深化了阿那克萨克拉的思想。阿那克萨克拉虽然说努斯是推动和安排万事万物的起点，但却没有说明它是如何推动和安排的。因而我们在解释感性世界具体事物如何运动时还是得诉诸机械因果性原理。苏格拉底认为既然努斯安排了万事万物的秩序，那么它就必然是按照一定的目的安排，整个物质世界也因此必然趋向那个最高目的，这一目的被苏格拉底称为“善”。唯有“悬设”了这个最高目的，努斯才能适当安排万事万物的秩序。否则由于缺少最高目的，努斯虽然在安排事物的秩序中体现出了某种逻格斯，但这种逻格斯只体现了一种尺度和工具的效用性，可以解释个别事物的原因，却无法解释整个宇宙的终极原因。唯有将努斯精神贯彻到底，将它看作以完成自身为目的的完备系统，这个系统将万物安排成一个从低级到高级，最终趋向终极目的的等级秩序，而且更为重要的是这个终极目的就是最初原因，最高的善与初始的动力同为一体，这就是苏格拉底的贡献。

苏格拉底由此将之前的“机械宇宙论”转变为“自然目的论”，也就是说虽然自然自身没有目的，但创造自然万物的神却使一切处于某种合目的的相互关系之中；人作为有理性的动物又被安排在优越于其他事物的地位，理性使人接近于神，能够认识神并且信仰神。由此整个世界形成了从低级的无机环节到有理性的人的高级环节，最终趋向于神的系统。苏格拉底这种用目的论来解释万事万物的原因的致思趋向深刻地影响了黑格尔。

当然，苏格拉底的目的论宇宙观还是初级的、不完善的。他基本上是将人的自由意志通过类比的方式推广到宇宙万物和造物主——神的身上；因此，一切目的都是外在的强加于万事万物之上，而并没有真实地揭示出根植于万物内在本性的内在目的。柏拉图就是通过这一点将苏格拉底的目的论发展为自己的理念论。

柏拉图认为万事万物的目的不是外在强加于其上，而是应当蕴含于自身之内。拥有这一目的的表现就是万事万物都追求自身的完善性，整个宇宙的目的也即是宇宙自身的完善性。柏拉图非常重视毕达哥拉斯“数”的思想，认为数就是造物主创造自然事物的一种非常重要的中介手段，努斯就是借助于逻格斯的数学确定性来实现对万事万物秩序的安排，这就补充了苏格拉底努斯动因不足的问题。

柏拉图认为最能体现能动作用的活动就是认识活动，即对于理念世界的“回忆”。因为人的灵魂在人出生以前居住在纯粹的理念世界并拥有一切真实的理念知识。人降生之后就堕落到了感性世界，从而灵魂受到感性的蒙蔽和诱惑。认识活动是达到纯粹知识的唯一方式，它可以让人摆脱外在的机械因果必然性和感性牵绊。但人身处感性世界总想沉溺于感性世界的安逸和快乐，使人产生了一种惰性。只有内在于人心灵之中的努斯精神还在时时刻刻提醒着人要向上“超越”，争取冲破日常的意见领域达到最高的理性知识，这就是“辩证法”。由于自我超越之路异常艰辛和痛苦，因此大多数人都无法做到，只有少数哲学家能够暂时超越世俗的一切而进入理性的“迷狂”境界，达到暂时与神合一。但由于现实世界和理性世界截然分离，任何人都无法真正彻底地将自己的灵魂回归到理念世界之中。人和神之间存在着无法逾越的鸿沟。

因此对于柏拉图来说，感性世界存在的一切的唯一作用就是等待努斯的超越，除作为人的理性精神的努斯之外，其余一切东西都没有什么价值。感性的艺术创作活动被柏拉图视为有害于理性而被严厉禁止。

柏拉图的学生亚里士多德显然对老师的这一结论心有不

满。亚里士多德比较肯定感性世界的价值，反对理念世界和感性世界的截然划分，主张重新统一分裂的两个世界，因此他解决的办法是用一种有机体的眼光来看待宇宙整体。整个宇宙是一个由低到高的不同层次构成的系统，它展开的过程就是一个有潜能的“质料”不断追求自身的“形式”，实现自身的过程。在这一过程中，“质料”和“形式”有着不断的变化，低级层次有自身的目的，即统摄自身的“形式”；这一目的又是高一层次实现其目的的手段，因此低级层次是高级层次的“质料”，高级层次是其追求的“形式”；而更高级层次又是高级层次的“形式”。“形式”就是一个事物自身的定义，即他所理解的“逻格斯”；实现其潜能的动力则是内在于自身的“努斯”，努斯将事物推向自身的形式。作为最高目的的神则是无质料的“纯形式”，是绝对的现实性和能动性。因此神是万事万物内在动力和终极目的。万事万物皆以神为目的和自我实现的手段。目的和手段因此在神身上也得到统一。人的理性蕴含着逻格斯和努斯因素，与神的本性相通。因此从事的一切活动中唯有理性沉思活动最能通神，是永恒幸福的来源，是最高的美德。

亚里士多德因此融合了希腊理性精神逻格斯和努斯两大元素。逻格斯拥有了努斯精神，逻格斯自身就是一个追求自我实现的能动活动；努斯有了逻格斯精神，努斯就不再仅限于超越感性世界，而是永恒地符合规范地自我超越。一种符合逻辑的、有目的性的有机宇宙观就此诞生。这种观念在黑格尔哲学中得到了更为精密的逻辑演证。

（三）辩证法的演进——朴素辩证观、先验逻辑与概念辩证法

我们首先来看所谓的朴素辩证观。朴素辩证观是我们在常识层次上熟知的辩证观点。所谓在常识层次上的辩证观，就是说这种辩证法不脱离经验常识的维度，通过日常的经验观察将感性世界总结为有一定活动规律、变动不居并且相互转化的流变世界。这种朴素辩证观符合我们平日里的生活体验。我们每日生活于其中的感性世界确实是变动不居的，各种事物都在相互转化。天空中漂浮着白云，草原上奔驰着骏马，大海里翻滚着波涛，它们都在一刻不停地做着运动；云朵可以变成雨雪洒落大地，骏马可以停止飞奔啃食绿草，波涛最终跌落入海恢复平静，所有的感性事物也确实存在着相互转化。如此一来，外在于我的感性世界的“整体”就向我们展现了一幅辩证运动的世界图景。而所谓的辩证运动规律如对立统一规律、质量互变规律、否定之否定规律一样是对这个感性世界的总体运动规律的说明。感性世界万事万物的运动都符合这三大规律。水烧开到沸腾变成水蒸气就体现了质量互变规律；种子开花结果又产生新的种子就体现了否定之否定规律；左与右体现对立统一规律，其性质相反，但它们相互反对而又相互依存。

依照这种辩证观形成的世界图景就是一副与人的主体性无关的变动不居的感性世界。辩证法的规律就是对于这一感性世界运动状况的归纳总结。如此一来又会出现上述休谟问题：三大规律的普遍必然性何以可能？

究其实质来看，常识层次的朴素辩证观根本没有超出传统经验论的哲学水平（不彻底的经验论）。充其量无非是将黑格尔哲学的部分词汇充当了所谓的一般规律。而且对于这部分黑格尔哲学的词汇还仅仅作经验常识性理解。

这种朴素辩证观的主要问题是以物质本体论为根本依据，沉浸于感性经验之中，形式化的理解辩证法，丢掉了辩证法固有的努斯精神，即自由意志和主体能动性，使辩证法蜕化为“缺乏实证知识的语录词汇”。

真正对辩证法有所贡献的是德国古典哲学的奠基人康德。康德首先看到了经验论和唯理论各自的问题。近代经验论和唯理论哲学虽然都意识到传统哲学直接探讨本体论，忽视认识论前提的问题，并都进行了“认识论转向”，探讨了认识论问题。但实则仍然坚持着各自的理论预设，并最终各自坚持着各自传统中的本体论。经验论认为经验自身是一切知识的唯一来源，一切都可以质疑，唯独经验自身不可质疑，因此就承认了经验世界的真实性。怀疑论者休谟也并不怀疑感觉印象的真实性；唯理论则坚持一系列天赋观念的自明性，坚持形式推理的自明性，因此也就间接地承认了理念世界的真实性。

康德的先验辨证论的“二律背反”就是对上述矛盾的最佳揭示。所谓二律背反，就是两条真实的或者表面看起来矛盾的哲学原理，似乎都是可以证明为正确的。二律背反是康德对先验宇宙论的批判。先验宇宙论是由于两派哲学各自坚持自己的固有观点产生的。康德通过认识论来理解本体论，因此就分别从经验论和唯理论两个认识论角度来构造两种不同的世界图景。

例如在第二个二律背反中，康德以唯理论和经验论的口吻，分别证明了每一个复合实体既是由单纯的部分组成的，又非由单纯的部分组成的。其中的哲学史渊源在于，唯理论坚持“实体”概念的自明性和正确性，实体即自身作为独立持存而存在的东西。为了维护实体观念的正确性，就必须认为世界中的每一个复合的实体都是由单纯的部分构成，除了单纯的东西和由单纯东西复合而成的东西以外没有什么东西实存。因为复合物如果不是由单纯物构成，那么去掉复合则复合物首先不存在，单纯物由于不构成复合物实体，那么单纯物也就不存在。因此就没有任何东西存在。如果复合不能被去掉也不行，因为复合只是实体的偶然外在可以去掉的关系，实体没有复合关系也可以存在。复合就是由其他东西复合而来的，因此必须可以分开。如果复合不能去掉则复合的东西就成为一种“实体”，就不再是复合的东西。因此，如果坚持实体观念的正确性则必须坚持一切东西都是由单纯实体构成，复合物是单纯物的关系的产物。经验论则提出了相反的看法：他们会从空间时间中的经验事实出发来论证复合实体不是由单纯的部分组成的。他们可以给出这样的证明：假定其反面，即一个复合的东西或实体是由单纯的各个部分组成的。然而，事实上，任何在空间中的对象都不可能由单纯的部分构成的。因为既然对象在空间中，那么这个对象必然和空间具有同样的特征。我们可以想象出来，空间是无限可分的，它本身不是由单纯的各个部分构成的。因此，空间中的东西，或者说实体，也不是由单纯的部分构成的。所以，假定错误。这样就证明了复合实体不是由单纯的部分构成的。这意味着，关于复合实体，有两个截然相反的命题都是正确的。

按照康德的看法，二律背反建筑在人类理性的本性之上，它源于人类理性追求无条件的东西的自然倾向，是无法避免的。因此，从这个意义上可以说，康德揭示了我们人类理性矛盾的必然性，也就是人类理性的自己否定自己、自己排斥自己的本性，从而对黑格尔的辩证法产生了深远的影响。下面，我们进入黑格尔的概念辩证法世界。

黑格尔的概念辩证法，可以说遥承古希腊的巴门尼德与赫拉克利特、近接康德的知性范畴与先验辨证论中关于二律背反与理性自我矛盾本性的揭示；这在他的《逻辑学》中，以概念体系的方式具体体现了出来。说黑格尔遥承希腊，是因为他与巴门尼德一样，都是追求“纯粹思想”，也就是纯粹的范畴规定，并借此来探讨关于存在与认识的学说；而且他也赞同赫拉克利特，像赫拉克利特的“永恒的活火”说的那样，黑格尔认为人类思想中的纯粹范畴，并不是僵死不动、互相对立的，而是自身就向着它的对立面不断地“流变”的，因而能够不断地丰富自身，转变为内容更为丰富的范畴。因此，黑格尔正是赋予了巴门尼德的“纯粹思想”，也就是“纯存在”以运动的动力，就好像赫拉克利特的“永恒的活火”的燃烧下世界万物的流变一样。因此，我们以“概念中流窜的活火”这样的比喻来称呼黑格尔的辩证法。只不过，黑格尔为纯粹思想范畴之间的转化找到的动力，乃是康德揭示出的我们人类理性的自我矛盾、自我排斥从而自我发展的本性。这些思想主要表现在《逻辑学》中，这部著作思想深邃，论证曲折，语言晦涩，人称“天书”。我们只能从较为简单的视角来看一看黑格尔逻辑学中的辩证法，也就是他的概念辩证法。

我们知道，康德的范畴表中一共包括量、质、关系、模态这样四组共十二个范畴。我们说过，康德按照判断的种类，将这些范畴列出来，并且在某种意义上，也是康德对当时为止整个哲学认识史中范畴的一种总结。康德将这些知性的范畴看作是综合与整理我们用空间时间的纯形式接受刺激而形成的感觉材料，并为这些感觉材料提供客观性的规律的东西。感性的材料，综合这些材料并为之提供秩序与规律的范畴，这两种因素互相协作，就形成我们平常的经验世界了。然而，在康德这里，这些范畴只是这样形式化地排列的，用黑格尔讽刺的话说，就是像“目录”一样单纯地排列着。对于这些范畴之间有什么关系，它们如何将对象一步步规定为经验中这个井然有序的世界，康德是没有说明的。这也是黑格尔对康德极度不满的地方。事实上，黑格尔正是以理性的自我否定为动力，以目的性为原则，将康德的范畴有必然性、有生命地串联了起来，并将之作为自己逻辑学的相关部分。也就是说，黑格尔自觉地继承或者借用了康德总结出的范畴，并且在康德所做工作的基础上更上一层楼。

黑格尔的《逻辑学》从“存在”开始。实际上，关于黑格尔的逻辑学的开端问题，在他生前就已经是他逻辑学体系中最有争议的方面之一了。黑格尔为什么选择从“存在”这个概念开端呢？我们可以这样理解，我们要规定任何对象，首先考虑的是什么呢？首先考虑的是这个对象存在还是不存在；如果它存在，才有进一步的规定，如果它不存在，我们就不需要了。实际上，存在与不存在这对范畴，正好是康德范畴表中第四组，也就是模态范畴中的一对。这正是我们在考虑对象的规定的时候必须首先考虑的。我们说一片树叶是绿的也好，是美的也罢，这里面蕴含的前提是这片树叶是存在的，这一点我们在前面的行文中已经提示过。然而，仅仅说某个东西“存在”，其实什么都没有说出来，因为所有能被说出来的东西，都在某种意义上是“存在”的。即便是“麒麟”，它也存在于我们的想象中，是一种神兽，具有种种特征，等等。因此，我们仅仅说出或者思考的存在也就是无；这种无，并不是什么都没有，它已经有了某种否定性的力量，“无”已经是“有”了，也就是单纯的存在。这样，作为规定对象的开始的存在就必然转化为无，而无也会转化为存在。这样的转化过程，就是“生成”这个范畴。这个生成表达了一种不稳定性，表达了存在与无之间的过渡。就这样来看，生成这个范畴就比单纯的存在和无具体些了，因为它包含着存在和无两个“环节”。又如，我们知道，我们要规定某物，首先就是要确定这个物的质的规定。然而，要规定这个物，仅仅说出它的质是不够的，我们可以有很多有着相同的质或类似的质的其他物，怎么才能将该物与这些其他物区分出来？可见，该物的质的规定不能只靠自身就能完成，而只能依靠所有的他物来规定，它需要与他物比较，也需要与他物的他物比较。总而言之，就这样无限地比较下去，才有可能规定它的质到底是什么。我们说一朵花是红的，这就充分规定了这朵花了吗？有好多花都是红的，我们需要对比。我们怎样把这朵花与其他的红花区别开？我们只能从它与其他的花的对比中确定它的红的“程度”，才算是规定了它。然而，我们知道，这种与他物的比较是没有尽头的。要达到质的规定，这个某物必须回到自己，将自己规定为一个无限地可被规定的东西，也就是黑格尔说的“自为的一”，才有可能实现质的规定。其他的所有这种“无限地可被规定的东西”，也就成了“多”，此时，一与多其实已经是“量”的范畴了。于是，质本身的内在矛盾排斥着自己向着量过渡。这时，有着一定量的质，就是第三个范畴——尺度。

我们不必过多举例，便可以看出，黑格尔的各个范畴之间的过渡，乃是范畴自身要规定自己就不得不实现的一种过渡，也就是说，是范畴自身的矛盾所驱动的。作为我们理性规定的节点，范畴本身就是否定自己的、必然向它的对立的范畴过渡的。我们可以说，范畴之所以自我排斥、自我否定，是因为它是我们的“理性”规定任何东西必须用的范畴，因为它就是我们理性这张网上的结。按照康德深刻揭示的，我们的理性是自我否定的，那么它的范畴当然也就是自我矛盾、自我否定，并且在这个过程中自我丰富的。这就是黑格尔的概念辩证法。

四、费尔巴哈：移植来的樱桃树

“移植来的樱桃树”这个词，涉及到马克思对费尔巴哈的批评。批评的学理依据稍后谈，我们先来探讨费尔巴哈哲学。

路德维希·费尔巴哈，19世纪德国哲学家，他与我们上面提到的当时“声名赫赫”的黑格尔渊源颇深。费尔巴哈起先在海德堡大学学习神学，他对当时的一位老师非常崇拜，称他为“生活中的唯一支柱”，凑巧的是，他的这位神学老师恰恰是黑格尔的学生。从这层关系看，他后来将黑格尔哲学斥为“理性的神学”并大加批判，大概也是渊源有自的，这是后话，按下不提。总之，费尔巴哈通过他的这位神学老师而对黑格尔产生了景仰之意。于是，1824年，费尔巴哈就跑去柏林大学听黑格尔的哲学课，并且深感共鸣，用他自己的话说，就是“本来在我身上仅仅像火绒一般微微燃烧着的东西，现在却觉得很快就要燃起熊熊的火焰”。于是，费尔巴哈这一听就是两年。后来，费尔巴哈对自然科学产生兴趣，学习了植物学、解剖学等学科，这一点很可能深刻地影响到了他后来的哲学转向。费尔巴哈和斯宾诺莎一样，都以乡村哲学家的形象，被后人景仰。当然，费尔巴哈是被迫如此的。1830年，费尔巴哈匿名发表《论死与不死》一文，其中的无神论倾向得罪了当局，并于两年后被大学辞退，从此与德国大学无缘。其后四五年的时间里，费尔巴哈生活落魄，辗转德国多个城市，以自由撰稿为生。1837年，费尔巴哈与妻子定居在一个叫布鲁克堡的偏僻村庄，乡间生活虽然不富裕，但费尔巴哈颇有隐居山中、悠然自得之感，就跟我们中国古代很多哲人因现实生活不如意而寄居山林，并发现本真的生命与自然一样。费尔巴哈与伽利略所见略同，认为城市的喧嚣对于爱好沉思的心灵来说，是牢笼；而自由自在的乡村生活，用海德格尔式的话说，却“更接近大地”，让思考着的心灵更加真切地倾听“大地的言说”，让大自然这本玄奥的大书，向着渴求知识与智慧的心灵倾诉着它深不见底的内容。当时的德国思想界，有人攻击费尔巴哈，说他幽居乡间，逃避斗争与对现实的批判。对于这些攻击，费尔巴哈这样回击：他热爱乡村的幽静，但并不以此而消沉；正是在乡村的幽静中，他远离着城市生活的喧嚣与频繁的生活应酬，转而专心地进行哲学思考，并汲取着斗争的力量。他后来发表的《关于哲学的改造的临时纲要》的论文，显示出他锐利的思想光芒。

费尔巴哈对黑格尔哲学的态度，起先是服膺，以至于他不久之后就成为当时黑格尔哲学的一个学派——青年黑格尔派的一员，在此期间，他对黑格尔哲学的思索与辩护是不遗余力的。1833年，当时耶拿大学的政治学和伦理学教授巴赫曼发表论文《论黑格尔的体系和再次重塑哲学的必然性》，发起对黑格尔哲学的讨伐，并引起一场大论战。当时的费尔巴哈奋起为自己的老师辩护，并以《对反黑格尔的批判》一文把巴赫曼反驳得体无完肤。然而，费尔巴哈毕竟是黑格尔的特立独行的学生，他早在很久之前的笔记中，就质疑黑格尔“坚决主张哲学与宗教，特别是和基督教的教义一致”的哲学观点，从这方面看，他后来对黑格尔哲学的反叛就不是那么令人惊奇了。他在1839年发表的《黑格尔哲学批判》一文，被认为是他与德国唯心主义哲学和黑格尔哲学决裂的标志。费尔巴哈认为自己找到并刺中了黑格尔哲学那庞大体系的“阿喀琉斯之踵”，并开始着手创立新的哲学。费尔巴哈从一个崭新的哲学视角，也就是感性直观的角度，将德国古典哲学从思辨哲学推向唯物主义哲学。所以他也把自己的哲学称为感性的哲学人类学。这里插一句，费尔巴哈与马克思、恩格斯的渊源，也是需要从青年黑格尔派说起，当时三位哲学家都是青年黑格尔派的成员，并陶醉于黑格尔哲学的思辨之中。正是后来费尔巴哈起而挑战黑格尔哲学，并以他的哲学思想影响了马克思与恩格斯。只不过，他把黑格尔哲学中好的坏的东西一起抛弃掉了。用列宁的话说，对于黑格尔哲学，费尔巴哈不仅倒掉了“洗澡水”，把水中的“白孩子”也一起倒掉了。

费尔巴哈对黑格尔哲学的反叛，从他对黑格尔“理性神学”的批判开始。按照费尔巴哈的看法，黑格尔哲学最后的旨归——绝对精神，乃是神学精神的死灰复燃，因而就是一种纯粹的对神鬼的信仰；哲学的全部奥秘的最终解决，就在于对人和自然界的直观。我们知道，黑格尔哲学是思辨的唯心主义，他用来解释世界的原则是精神与概念。按照费尔巴哈的看法，唯心主义的哲学家尽管具体见解林林总总，不一而足，但有一点却是共同的，就是他们唯心主义地解释思维与存在、主体与客体的关系，而这方面黑格尔哲学尤甚。他讽刺黑格尔哲学是“头脚倒置”的哲学。费尔巴哈是这样说的：黑格尔将“精神”当成了“现实”，甚至用“精神”来解释“现实”；然而实际情况却是，现实的总和乃是自然界，不论是人还是动物，不论是动物的感觉还是人的思维，都是自然界的产物。自然界是第一性的，人的思维是第二性的，是前者产生后者，而不是后者产生前者。黑格尔哲学之所以“头脚倒置”，就是因为他颠倒了自然和思维的关系，“把第二性的东西当作第一性的东西，而对真正第一性的东西或者不予理会，或者当作从属的东西抛在一边”。按照这样的思路顺下来，费尔巴哈直接指出了黑格尔的哲学体系的起始点：存在。黑格尔的“存在”，一开始就是思维、概念，而不是真正现实的感性的存在；以这样的方式构建的哲学体系，虽然黑格尔自谓是达到了思维与存在的统一，其实只是思维与思维的统一；黑格尔哲学从一开始的预设，就犯了偷换概念的毛病。我们姑且不论费尔巴哈对黑格尔哲学总体旨归上的批评是否完全合理，但是从解决思维与存在的关系问题、思维与存在何者是第一性的问题上，费尔巴哈确实点中了黑格尔的要害。从这样的观点来看，黑格尔哲学用以解释世界的原则只能是：现实世界、自然界是“绝对精神”外化出来的，是“逻辑中”外化出来的；正是基于这个原因，费尔巴哈将黑格尔哲学称为“理性神学”，是“神学的最后避难所和最后的理性支柱”。唯心主义哲学与宗教有一种内在的关系：绝对精神外化出自然界，其实也就是上帝创世说的翻版；这是一切唯心主义哲学的实质，也是唯心主义哲学摆脱不了的命运。在此，费尔巴哈喊出了他那句直抒胸臆的激进的话语："谁不抛弃黑格尔哲学，谁就不抛弃神学。"马克思在《1844年经济学哲学手稿》中很是肯定了费尔巴哈犀利的慧眼："费尔巴哈这样解释了黑格尔的辩证法（从而论证了要从肯定的东西即从感觉确定的东西出发）：黑格尔从异化出发（在逻辑上就是从无限的东西、抽象的普遍的东西出发），从实体出发，从绝对的和不变的抽象出发，就是说，说得通俗些，他从宗教和神学出发。第二，他扬弃了无限的东西，设定了现实的、感性的、实在的、有限的、特殊的东西。（哲学，对宗教和神学的扬弃）第三，他重新扬弃了肯定的东西，重新恢复了抽象、无限的东西。宗教和神学的恢复。"在这里，马克思赞扬了费尔巴哈对黑格尔哲学的神学本质的辨别，并对其中的学理作出这样的总结：费尔巴哈把否定的否定仅仅看作哲学同自身的矛盾，看作在否定神学（超验性，等等）之后又肯定神学的哲学，即同自身相对立而肯定神学的哲学。

在这里可以看出，费尔巴哈已经对两千多年的西方哲学的逻辑倾向有了清醒的认识，他对黑格尔的批评，也是对亚里士多德以来的泛逻辑主义的批评。亚里士多德的那部《工具论》，就是他总结当时的哲学发展，特别是经过智者学派对论辩之术的研究之后的哲学进行总结，而对逻辑作为思维推演的工具进行专门研究的成果。他所谓的“工具”，无非就是我们的思维进行概念、判断、推理时所用的形式工具——逻辑。自此之后，逻辑一直是西方哲学或隐或显的主题之一。比如，弗朗西斯·培根的《新工具》，康德的《逻辑学讲义》，包括他在自己《纯粹理性批判》中的先验逻辑，黑格尔更是有《逻辑学》（通常称为《大逻辑》），以及《哲学百科全书逻辑学》（通常称为《小逻辑》），等等。可以说，以逻辑来解释世界，解释我们关于世界的知识，甚至是我们关于世界“本源”的知识，是西方哲学自诞生以来的一个自觉或不自觉的倾向，而这一倾向到了黑格尔达到了明显的自觉，并提出了他以逻辑学为核心的庞大的哲学体系。

按照我们今天的眼光看，这种倾向是自有其合理一面的，因为它强调世界的秩序、世界中的理性；这也是对我们人类作为理性主体的强调。即便按照我们日常生活中对世界的观照，我们也能够明显地看出这个世界是秩序井然的。比如太阳东升西落，植物春华夏荣冬枯。再让我们将眼光转向科学。其实科学已经为我们提供了一个充分清晰的世界图景，一个符合因果关系，或曰符合物理学定律的世界，这是一个有秩序的、甚至可以说是有理性的世界：我们说水往低处流，是因为水受到重力的作用；天体如此这般的运转，是因为有万有引力定律的支配；水分子在作无规则运动，是因为内能（热能）的作用；电闪雷鸣是因为分别携带正负电荷的云朵相互靠近产生的放电现象，如此等等。然而，当我们说“水落石出”是因为水位变低，所以之前在水面之下的石头浮现出来，我们是不是本能地感觉到少了些什么？“山高月小，水落石出”这两句诗，我们古人称之为“天然句法”，而不仅仅是“逻辑句法”。我们说发生了车祸，而不能直接还原为两辆车沿着同一条直线运动，发生碰撞并发生非弹性形变。这些都可以看成以逻辑解释现象的例子。如果用逻辑来解释整个世界呢？我们只能说，这样的“世界”被剥夺、被牺牲掉太多太多了，把我们看到的草长莺飞、柳绿花红的世界，仅仅说成是些质、量、本质这样的逻辑范畴，那么这个世界就仅仅是僵硬、冰冷的理性。说到这里，也许我们就会在一定程度上赞同费尔巴哈的看法：哲学必须从逻辑的枷锁中解放出来，哲学已经“久居樊笼里”，它需要“复得返自然”；哲学已经屈从于逻辑“形式”太久太久，哲学需要有“现实性”。实际上，对黑格尔“泛逻辑主义”的批判，是后黑格尔哲学所走的共同道路。我们耳熟能详的哲学家中，尼采如此，胡塞尔如此，海德格尔如此，费尔巴哈和马克思也都是如此，而费尔巴哈可以说是开了这方面的先河。在这一点上，马克思和恩格斯都对费尔巴哈推崇有加。在《1844年经济学哲学手稿》中，马克思评价说：“费尔巴哈是唯一对黑格尔辩证法采取严肃的、批判的态度的人；只有他在这个领域内作出了真正的发现，总之，他真正克服了旧哲学。费尔巴哈成就的伟大以及他把这种成就贡献给世界时表现的那种谦虚淳朴，同批判所持的相反的态度形成惊人的对照。”在对费尔巴哈的著作《基督教的本质》提出评价时，马克思说费尔巴哈“向黑格尔作第一次坚决进攻时以清醒的哲学对抗醉醺醺的思辨”。恩格斯则是强调费尔巴哈思想的“解放作用”，说那“只有亲自体验过的人才能想象得到。那时大家都很兴奋，我们一时都成为费尔巴哈派了”。

批判了黑格尔，费尔巴哈提出了自己的《未来哲学原理》，并且主张“未来哲学应有的任务，就是将哲学从‘僵死的精神’境界重新引导到有血有肉的、活生生的精神境界，使它从美满的神圣的虚幻的精神乐园下降到多灾多难的现实人间”。到这里，费尔巴哈自己的哲学观点也就呼之欲出了。他强调的存在，不仅仅是被思想范畴生硬规定的事物之存在，而是现实性的存在，是一个个现实存在的事物、感性的事物。费尔巴哈哲学始终强调感性：“真理性，现实性，感性的意义是相同的。只有一个感性的实体，才是一个真正的、现实的实体。只有通过感觉，一个对象才能在真正的意义之下存在。”只有感性，才将存在从“僵死”的形式，变成“活生生”的东西。黑格尔不是以逻辑、概念作为思维与存在的同一性的基础吗？费尔巴哈则将感性视为思维与存在的同一的基础。我们可以尝试这样理解：我们的感性是一种接受性，它接受的是客观世界对我们的作用，换句话说，可以理解为接受“存在”对我们产生的作用，它是我们的知识的基础；而同时，感性又是我们的主观的接受能力，为我们的“思维”提供材料。从这个意义上说，感性就沟通了主观与客观。感性为作为主观存在者的我们揭示了客观存在的真相，从而实现了思维与存在的现实的同一。当然，仅仅有感性提供的材料还是不够的，我们的思维能够把感性的材料进行加工、抽象、归纳，形成知识，但感性毕竟是第一位的。

为了说明这一点，费尔巴哈举了一个“樱桃树”的例子。按照他的说法，樱桃树的存在，并不是什么范畴运作的结果，而是为我们的“可靠的感性”感知的现实性的存在。从这里我们看到，费尔巴哈最强调的是直接的感性直观，他认为我们“直接直观”到的存在，就是活生生的现实的存在。恰是在这里，费尔巴哈得到了马克思和恩格斯的赞扬，也受到了他们的批评。他们表扬的是，费尔巴哈对“感性”的强调，他的哲学还给感性以它应有的地位；而他们批评的是，费尔巴哈仅仅把感性理解为“直观”，而没有把感性理解为“活动”，理解为人的现实的社会实践、生产过程。我们上面曾经提到列宁对费尔巴哈的批评，说他在倒掉洗澡水的同时，也倒掉了盆中的白孩子，意思就是费尔巴哈拒斥黑格尔的逻辑主义，连黑格尔哲学中最应该吸取的“合理内核”——能动的辩证法也拒斥掉了。而这个方面，恰恰被马克思和恩格斯认真吸收并加以改造。马克思和恩格斯在《德意志意识形态》中对费尔巴哈评论道：“甚至连最简单的、感性的确定性的对象，也只是由于社会发展，由于工业和商业交往才提供给他们的。大家知道，樱桃树和几乎所有的果树一样，只是在数世纪以前由于商业才移植到我们这个地区。由此可见，樱桃树只是由于一定的社会在一定的时期的这种活动才为费尔巴哈的感性确定性感知。”费尔巴哈感知到的确实是樱桃树的真实的存在，然而他却没有发现这个存在的根本——人的感性活动；他确实感知到了一个“结果”，他却没有理解人的活动的“过程”，而这个过程，才是这个结果的根本，没有这个过程，他能直观到樱桃树吗？

确实，我们能感知到的世界，正如费尔巴哈能够确定性地感知樱桃树一样。然而，我们必须注意“世界”究竟是什么。在某种意义上说，并没有一个与人无关的、静止不动的、自在的“世界本身”来等着我们认识、感知；即便有，它对人来说也是“存在着的无”。我们平常感知的世界、对之流连忘返爱恨交加的世界，是经过我们的感性活动、我们的生产过程施加影响的“我们的”世界。确实，我们能够直接感知杯子、桌子、高楼大厦，但它们是从何而来的？我们不要忘记它们背后的生产过程，它是工人取材自然，然后加工改造出来的；不要忘记它背后的商业关系，它们是“交换”来的，“花钱”买来的，而这些都代表着社会关系、人们的交往实践。正如那棵樱桃树，我们不仅要感知到它，还要知道它背后凝结着什么——“工业与商业交往”、人们的“移植”活动，正是这些“造就”了它。

第二章　走进马克思的哲学世界

“天不生仲尼，万古长如夜。”这是前人对我国春秋时期伟大的思想家孔子的评价。我们可以说，这样的评价同样适用于西方哲学史中那些同样伟大的人物，如柏拉图，如康德，如黑格尔。这些卓越的思想巨人，以他们聪颖的天资、如炬的智慧，为我们这个世界的黑暗带来光明与秩序，让我们在其中寻到根基、找到价值。当然，这个评价更适用于马克思。下面，我们将对马克思与本书内容有关的几个生活、思想片段作一个简要的介绍，以引导读者进入他的哲学世界。

第一节　马克思的几个生活片段

一、马克思的烟斗

身旁散落着一叠叠写满苍劲笔迹的厚厚的稿纸，肩宽体阔的雄伟身躯，花白的大胡子，激射出深邃的思想光芒的双眼，这大概是马克思留给人们的经典形象，当然，还少不了的是那支在他手中升腾起袅袅青烟的烟斗。在这支烟斗中焚烧尽了的，是西方两千多年来的哲学史中那些解释世界的哲学，也就是人们所称的旧的形而上学；而升起的，是马克思的新哲学，改变世界的哲学。马克思在解释世界的旧哲学的土壤中吸取了养料，并经过对这些哲学的批判而提出了崭新的哲学原则，这就是改变世界的原则。他为哲学找到了真正的生活基础，并将哲学的最终旨归放在了人身上。这里具体的思想历程将在下文中具体展开。我们在这里想说的是，这支烟斗，还有一些雪茄烟，伴随着当时生活贫困的马克思写完了他的巨著《资本论》。

马克思长年的思考与伏案写作，几乎都是以香烟为伴的。这大概是因为吸烟有助于缓解他长期精神劳作造成的疲惫，抑或能激发他思想的灵感。为了早日完成《资本论》的写作，马克思夜以继日地忘我工作，吸烟量猛增。当时生活极度窘迫的马克思曾不无辛酸地向人感叹道：“《资本论》的稿酬甚至还不够偿付写作它时吸的雪茄烟钱……”长期工作的劳累加上大量劣质烟草对身体的伤害，使马克思的健康状况极度恶化："他的咳嗽声使人觉得这样一位肩膀宽阔、体质强壮的人似乎就要碎裂一样……"后来，为了保持一个健康的身体以完成更多的工作，马克思毅然改变了数十年的吸烟习惯，并从此不再碰香烟。

二、发轫的种子

卡尔·马克思1818年出生于德国莱茵省南部小城特利尔。那里环境优美，四周葡萄园环绕，植被茂盛，算是浸润居民之魂的灵气之地。古人言人杰地灵，说的大概就是这个意思。

马克思的父亲是一位杰出的律师，除了本行之外，也颇喜哲学。他尤其喜欢法国启蒙思想家伏尔泰、卢梭的作品。这一点深深地影响了少年马克思，他后来对伏尔泰、卢梭的作品熟能成诵，以致他的女儿说他是"一个地道的18世纪法国人"。从思想传播看，当时这座小城为法国空想社会主义思想所浸润。特利尔在拿破仑战争时期为法国所占领，当时的法国思想家圣西门与傅立叶的思想能够相对自由地在这座城市传播。我们抛开当时飘扬在特利尔上空的学术争端不论，空想社会主义的构想，确实影响了少年马克思，因为我们提到马克思，总是与他的科学社会主义思想分不开的。灵气浸人的家乡和书香门第的家教，在他心中埋下了思想发轫的原始种子。当然，就其本来面目来说，这颗种子是飘在空中的——“空想”大体就是这么个意思。至于马克思怎么把它种植在大地上，让它成长为参天大树，带给世界各地的人们以大片的绿茵；怎么把它点燃，让它成为熊熊烈火，直指苍穹，带给人们以燃烧的精神力量；怎么把它变为源泉，让它成为滔滔洪水，不断地向着人类一切的不公发起冲击——我们可以说，这是得自于马克思从他的前辈们继承并改造了的哲学。遍观哲学史，我们可能就会发现，在一时盛行的哲学思想的阴影下潜藏着的被压抑着的其他哲学的种子，会在某个时段之后重新发芽活跃，而一举占据哲学的主流；对哲学史是如此，对哲学家个人思想的发展，可能也是如此。

第二节　马克思的几个思想片段

一、偏斜的原子

1841年3月，马克思完成了他的博士论文，这是一篇以极认真的态度完成的论文，他想借此实现自己的大学教授之梦。当然，这个梦想没有实现。如果这个梦圆了，马克思可能也就不是后来的马克思，我们今天的世界可能就是另一副样子了：至少黑夜要漫长得多。

论文题目是《德谟克利特的自然哲学和伊壁鸠鲁的自然哲学的差别》。我们知道，德谟克利特是古希腊著名的原子论哲学家，按照他的说法，世界是由原子与虚空构成的。我们今天想来，他的想法也很合乎常理。按照我们的经验，世界上的事物往往是可分的，我们可以想象，分割到最后剩下的不再可分的单位，就是德谟克利特说的原子。于是他推论说，世界上所有的事物最小单元是原子；当然，仅有原子还不够，因为假如整个世界都塞满了原子，我们何以解释事物的运动与变化？所以，还要有虚空，这样事物才能由它现在所在的地方，移到一个“空位”，产生运动。原子在虚空中作直线运动，互相碰撞的原子发生聚合，这就是我们可感的事事物物了——原子构成的事物充实着虚空，并在虚空中运动变化，这就是我们的经验世界。

而伊壁鸠鲁就是我们熟悉的那位提倡宁静的快乐和感

觉主义的古希腊哲学家，他的伦理学颇有些我们中国古人托体山水、虚一而静的意味（而不是后来加到他头上的纵欲主义的坏帽子）。伊壁鸠鲁继承了德谟克利特的原子学说，只是，他加上了一个颇为令人难解的因素——原子的偏斜，他认为，原子不是直线运动的，而是会发生偏斜，原子在偏斜的运动中发生聚合，产生事物，构成世界。按照通常的物理常识，这个看法是荒谬的，因为这个原子并没有受到外部影响，怎么可能偏离既有的直线运动轨道呢？所以他的这个想法遭到了很多哲学家的嘲弄，也包括其实不知不觉从中受益的那个大名鼎鼎的德国古典哲学家康德。伊壁鸠鲁的这个思想明显不符合常识，但里面暗藏着一个哲学的原则。哲学就是从平常熟知的东西中，去洞见、去发现我们日用而不知的隐藏在我们思想盲点中的原则。这一点马克思抓住了，做到了。

按照马克思的看法，如果仅按德谟克利特所说，原子毫无例外地做着直线运动，而毫无偏离，那么整个世界就将完全受到物理规律——因果律的支配，这个世界就完全处于必然性之中，而毫无自由可言了。德谟克利特的学说注重的，是说明原子的物质存在，并将整个世界还原到原子的物质存在中。他以原子的直线运动为基础，将世界纳入到必然性或者类似物理机械性的解释原则中。而伊壁鸠鲁之所以值得书写，就在于他除了说明原子的物质存在外，还说明了另一种东西，用哲学的词汇讲，叫本质。“偏斜的原子”将自由意志的原则引入进了哲学，“偏斜的原子”在哲学上，代表了人的自由意志、人的自我意识的原则，虽然当时的以及后来的很多哲学家都没有意识到这一点。作为物质存在或物质质料的原子，是现象的原子；而作为象征了自由意志、能够“偏离”直线运动的原子，则是本质的原子。作为一种哲学形态，这表征了作为单个个体的人的身心之间的矛盾。这种现象与本质的冲突，一以贯之地存在于伊壁鸠鲁的整个哲学体系。从这一点上，马克思坚定地站在伊壁鸠鲁这边。从这里的倾向，我们可以隐约地看出，马克思对康德、黑格尔的接受与继承，也能约略看出马克思为我们提出的社会理想——“自由人联合体”的影子。马克思之所以倾向于伊壁鸠鲁，就是因为德谟克利特哲学缺少的“能动原则”被伊壁鸠鲁所补充。这也是马克思在他的著名文本《关于费尔巴哈的提纲》对“旧唯物主义”的批评，马克思在这个方面的具体观点，我们将在后文介绍。

马克思在论文的最后，为伊壁鸠鲁送上热情洋溢的赞词：

“伊壁鸠鲁是最伟大的希腊启蒙思想家，他是无愧于卢克莱修的称颂的：

人们眼看尘世的生灵含垢忍辱，

在宗教的重压下备受煎熬，

而宗教却在天际昂然露出头来，

凶相毕露地威逼着人类，

这时，有一个希腊人敢于率先抬起凡人的目光

面对强暴，奋力抗争。

无论是神的传说，还是天上的闪电和滚滚雷鸣，

什么都不能使他畏惧。

……

如今仿佛得到报应，宗教已被彻底战胜，跪倒在我们脚下，

而我们，我们则被胜利高举入云。”

二、《莱茵报》的稿子

关于马克思与《莱茵报》，是极有故事可说的。马克

思24岁那年担任《莱茵报》主编。据时人回忆，当时的马克思“富有男子汉气，性格刚烈、粗犷”，而又“富有教养，是个不知疲倦的辩证论者”，颇有些我们中国人说的烈士壮年、踌躇满志的意味。在马克思到来之前，为不起眼的《莱茵报》撰稿的主要是一些青年黑格尔派的人物，他们醉心玄理，喜抽象思辨，他们又不以此为满足，要将思辨的理念“外化”以影响现实，于是喜欢到大街上疯喊无神论，作弄牧师，又扮乞丐沿街乞讨，等等。马克思就任主编之后，首先剥夺了他们的撰稿权，《莱茵报》的风格开始转向并且真正地关注现实，文论质量也不断提高。

这段时间，马克思曾在《莱茵报》发表《关于林木盗窃法的辩论》，文章以无可辩驳的法律知识与哲学论证为穷人说话，指出穷人只是去森林捡一点树枝以作生火之用，孩子只是去采几个野果子，便要被林木地主说是“盗窃”林木而要接受法律惩处，公平公正何在？这件事深深触动了马克思，他的哲学要为穷人说话，要改变这个不公的世界。这样一些社论导致了当时政府对《莱茵报》的审查，马克思自己撰写的稿子也不能幸免。然而，我们的哲学家总有办法。

他先给审查官送去一些乏味而无甚明确观点的东西以供“催眠”，等审查官看得昏昏欲睡，再送上那些有犀利观点的文章。于是，这些重要的文章最终还是发表了出来。

三、哲学的帽子

“哲学的帽子”是马克思在1947年发表的著作《哲学的贫困》中的一个讽刺用语。他针对的是谁呢？蒲鲁东。蒲鲁东与马克思颇有一段渊源。蒲鲁东是当时法国的一个社会主义者，他自学成材，对经济学算是有所研究。他在1840年出版了一本经济学著作，受到了马克思的称赞，而马克思有一段时间曾暂住巴黎，与蒲鲁东也颇有交往。开始确是相得，但由于两人的很多实质性的观点终究差异甚大，后来终于分道扬镳。最突出的表现，是1846年蒲鲁东的《经济体系的矛盾，或贫困的哲学》发表之后。蒲鲁东对这部著作深为得意，因为在这部书中，他将来自德国哲学的辩证法“自觉地”运用到经济学研究中，而他也以经济学家与哲学家双重身份自诩。其中具体的经济学概念及其与英国古典经济学的渊源关系且不详述，我们略谈一下这场论战中反映的马克思对哲学的态度与看法。

在这部著作中，蒲鲁东对一些经济学范畴处处外在套用辩证法的“正反合”的思辨推理，例如把劳动时间决定商品价值，思辨成使用价值与交换价值的综合，等等。其时马克思正当壮年，性如烈火，笔锋辛辣。马克思将蒲鲁东的毛病归结为，为现实的经济过程外在地套用哲学概念，致使他的经济学只能称为蹩脚的经济学，这种研究必定低于一般经济学家的研究水平，而蒲鲁东只不过是在这种蹩脚的经济学头上扣了一顶“哲学的帽子”而已：“因为他作为一个哲学家，自以为有了神秘的公式就用不着深入纯经济的细节。”这也就是说，任何的科学研究，包括经济学的研究，都必须踏踏实实地研究现实世界内在发展过程，并在此基础上以逻辑化的概念方式表达出来。而蒲鲁东的这种哲学，解释不了经济现象，解释不了世界，更遑论改变世界。真正的哲学，在人的感性活动中，在人的生产过程中，在事物本身的运动节奏中；马克思的哲学正是将主题放在这里，才称其为改变世界的哲学。

第三章　两“核”聚变

马克思的哲学有两个最直接的来源：黑格尔哲学与费尔巴哈哲学。马克思正是通过对他的两位思想前辈的批判与继承，实现了哲学的伟大革命。

第一节　“合理内核”与“基本内核”

一、辛辣的交锋：哲学家间的相互“品评”

品味一个哲学家对另一个哲学家的评语，是一件饶有趣味的事情。一来，这是伟大思想者在同一个思想平面的交锋与碰撞，往往火花四溅，简短的话语里面往往包含着让我们一再玩味的东西；二来，哲学家往往都是语言大师，他们不仅目光犀利，而且用语毒辣，正好戳中被评论者的痛处与薄弱点。当然，在某种程度上，这正是优秀的思想家之间的继承，批判地继承。他们都在替我们所有其他人追求着真理，他们之间的相互辛辣讽刺，正是某种意义上的相互尊重。按照这些哲学家的脾性，只有他们重视的人和理论，他们才肯出言评论那么几句，一般的流俗理论，他们通常懒得置理。例如康德在他的著作里面就喜欢嘲讽他口中的“声望素著之洛克”，说他要推寻哲学的世系，将哲学的来源说成是出自“‘通常经验’之卑贱门第”，“以图动摇其所谓女王之僭称”云云，不就是讽刺我们已经知晓的那个英国经验论者——洛克关于我们认识的确定性只能来自经验的观点嘛。“报应”很快到来，黑格尔又要对康德评头论足一番了。不论在《哲学史讲演录》中，还是在《百科全书逻辑学》中，黑格尔都对康德的批判哲学，特别是他的《纯粹理性批判》颇有微词。他把康德的认识论说成是告诫我们“学会游泳之前切勿下水”——康德教导我们，在我们开始有效地认识之前，我们先要“批判”、考察我们的认识能力。黑格尔还说，康德认为我们的思想不能有矛盾，那他实在是个对思想和事物饱含“温情主义”的君子——这里的“温情主义”约略相当于我们中国人说的“妇人之仁”的意思。而按照黑格尔的看法，不仅我们的思想是有矛盾的，而且世间万物皆有矛盾，而康德以为他否认矛盾就“保全”了我们的思想和事物，其实他那是放弃了对真正的真理的探求。马克思也对黑格尔有所评论：黑格尔的哲学体系，特别是他的逻辑学，将整个世界都统摄到一个逻辑框架里，并将“绝对精神”作为其哲学的最终旨归。黑格尔将在人类实践与生产过程中产生的逻辑看作真实的世界，并将之作为我们现实世界的根基，而把我们平日经验的感性世界看作逻辑的“外化”，看作没有真理性的虚假存在。正是在这样的意义上，马克思讽刺说黑格尔的世界是“头脚颠倒的世界”——以头作脚，将我们人的世界的真正的根基扔到天上去了。在黑格尔哲学中，我们无限丰富的感性世界和创造性的活动都失去了其应有的根基性和本源性的地位，而被降格为“绝对精神”自我实现的环节与手段，人们真正的物质需要和情感需求反而被看成是可有可无的东西。这正是所谓对人的形而上学压制。在这样的意义上，我们也就不难理解马克思所说黑格尔的理性乃是“无人身的理性”了。

二、古典哲学的沃土：马克思哲学的直接来源

我们要真正理解任何一个哲学家和他的哲学，都需要“定位”，也就是在思想史中找到他的位置，看他对他之前的哲学家继承了什么、改进了什么、发展了什么，看看他的这些继承与发展的合理性如何。从这个角度来说，哲学就是哲学史。我们阅读哲学著作、吸收人类最优秀、最聪明的头脑留下来的智慧，必须抓住哲学史的发展线索。只有这样才能理解一种哲学思想是针对什么问题而提出的，以及它在何种程度上解决了这些问题。

谈到马克思主义哲学，或者他的改变世界的哲学，我们除了要了解哲学史上马克思之前的卓越哲学家的基本思想之外，还要找到马克思的哲学所由之而来的最亲近的“线索”与理论来源。按照我们通行的马克思主义哲学原理教科书的说法，马克思哲学思想的来源有两个：第一是马克思批判地继承了的黑格尔辩证法的“合理内核”，第二是经马克思合理改造过的费尔巴哈的唯物主义的“基本内核”。关于教科书对这两种“内核”的解释角度与阐释原则，我们在这里

暂不讨论，单就对这两种来源的探寻来说，是符合马克思思想的实际的。表面上看起来，我们可以做这样的表述：马克思批判地吸取了黑格尔辩证法的合理内核与费尔巴哈的唯物主义，克服和超越了黑格尔的辩证唯心主义与费尔巴哈的旧唯物主义哲学，并创立了他的新哲学——辩证唯物主义。然而，哲学是最需要刨根究底的学问。如果我们问自己：黑格尔辩证法的“合理内核”究竟是什么？马克思如何能够将黑格尔严密的哲学体系中的“内核”剥取出来而融入到自己的哲学原则当中？费尔巴哈已经提出了“感性”在哲学中的重要地位，为什么他的哲学依然是旧唯物主义？马克思的辩证唯物主义哲学究竟“新”在什么地方？这些问题恐怕就不那么好回答了，至少，我们需要作耐心的思想梳理。又如，我们通常说，马克思“颠倒了”黑格尔的唯心主义的辩证法，吸收了它的“神秘外壳中的合理内核”，实现了哲学史上的伟大革命。到这里我们就要问，为什么单单是马克思而不是其他的唯物主义者实现了对黑格尔唯心主义辩证法的颠倒？马克思的唯物主义哲学究竟有什么不同于其他唯物主义的因素？这些都是理解马克思的唯物主义思想不可忽略的问题。

第二节　马克思对黑格尔的"颠倒"

一、黑格尔的倒立世界："思维过程"的本体

在《资本论》第二版跋中，马克思明确地说明了自己对黑格尔哲学，特别是他的辩证法的真实看法。马克思说："我的辩证方法，从根本上来说，不仅和黑格尔的辩证方法不同，而且和它截然相反。在黑格尔看来，思维过程，即他称为观念而甚至把它变成独立主体的思维过程，是现实事物的造物主，而现实事物是思维过程的外部表现。我的看法则相反，观念的东西不外是移入人的头脑并在人的头脑中改造过的物质的东西而已。"

我们首先来考察黑格尔的"思维过程"本体的问题。从哲学思想本身的需要来说，重视思维的逻辑范畴或者黑格尔所说的"纯粹思想"，是有其合理的一面的。我们可以从"纯粹思想"本身的特质，来说明它为什么会受到黑格尔如此的重视。我们有各种各样的思想，例如文学思想、艺术思

想、宗教思想、科学思想，等等。如果一个人对生活、对世界比别人思考得深入，观察得透彻细致，我们就说这个人有智慧、有思想。例如我们说鲁迅先生不仅是伟大的文学家，而且是伟大的思想家。在这些用法中，“思想”一词有一个共同特点，就是它都含有经验内容。例如在科学思想中，我们说一个物体在一个斜面上做匀速直线运动，是由于它受的摩擦力和重力沿着斜面方向的分力大小相等且方向相反。在这个命题中我们总是摆脱不了物体、斜面这样的经验要素。一般来说，经验要素是科学思想的一个组成部分；科学思想是我们对客观世界进行划分和控制的蓝图。黑格尔称这种思维方式为“表象思维”。另外，黑格尔还评论过“物质思维”。所谓物质思维，是我们对一个个物体的思维。例如，我们收拾书桌，就要以物质思维来筹划书本放到什么地方，铅笔橡皮放到哪里，桌面才能整洁一些。黑格尔说，物质思维与表象思维无疑是重要的，因为它们在我们的日常生活和科学研究中是必不可少的。然而按照黑格尔的看法，这些都不是真正的哲学思维。哲学思维需要的是纯粹思想，也就是最大可能摆脱掉经验内容的思想。按照我们通常的看法，带有经验内容的思想有着具体、活泼鲜明的特点，然而，这同时也意味着这些思想具有的经验特殊性，换句话说，这样的思想无法达到普遍性。哲学思维追求的是普遍性的思想，思想只有摆脱了经验的特殊性，才具有最大程度的普遍性与必然性，才能通达于更大范围的人类群体，让他们接受哲学的熏陶与教化。这样的思想在黑格尔看来就是逻辑。我们可以从中国哲学的发展来理解这一点的重要性：在先秦时期，也就是德国哲学家雅斯贝尔斯所称的“轴心时代”，我国曾涌现出老子、孔子、庄子、孟子等不朽的哲学家，他们对世界甚至对存在的理解，达到了我们后人无法企及的高度与深度。然而，他们的哲学思想与智慧，为什么没有顺利地传承下来？我们今天读《论语》，读《道德经》等先祖的经典，为什么觉得很难理解、陌生异常？很重要的一个原因就在于我们没有发展出完善的逻辑学体系。在先秦时代，只有公孙龙、惠施、墨子等哲学家提出过逻辑学思想并将之用于辩论，但由于当时人们缺乏纯粹理论的兴趣，过分注重器物世界，他们的学说没有发展起来，更没有系统化。无论多么高深的思想，如果没有一种普遍化的形式作为思辨的载体，便很容易丧失传承。对于中国哲学这种极度依赖于当时的语言结构与生活方式的思想与智慧来说，一旦生活场景、生活世界转变了，便很难再被后人理解，这也是后来学术的传承很大程度上依赖于“传心”、“参悟”、“机锋”等手段的原因。不必说，这些手段只适合于那些“根性”或者天赋极高的人，而不利于思想向更广范围的传播。只有在一种普遍化的载体，或者说一种明确界定的概念系统的基础之上，哲学思想才能得到客观化的传承。后来的哲学家可以为这套纯粹思想作出创新与发展，为它贯注新的意义而不至于失去其系统化的体系。西方哲学能够不断地传承与发展，后来的体系能够“扬弃”前面的体系并保留它们的精华，对“纯粹思想”的追求功不可没。

关于黑格尔对逻辑范畴的偏爱，以及他为什么批判唯物主义而将自己的哲学定位为唯心主义的哲学，他在自己的《小逻辑》中有着清晰的说明。黑格尔首先定位了哲学或者说形而上学讨论的对象与经验主义的区别：“经验主义接受的前提乃是自然的感觉内容和有限心灵的内容。换言之，经验主义处理的是有限材料，而形而上学探讨的是无限的对象。”也就是说，哲学思想之所以追求“纯粹”，乃是由它处理的对象的性质决定的。自从科学从哲学中分化出来以后，物体的结构、化学组成及其运动规律，我们现实世界具体的因果关系，生物体中各种生理现象的原理，我们的意识运行的物质基础、运行的具体规律，某种文化背景下的人群的活动的具体倾向等内容，都已经有专门的科学去研究，而且这些科学门类已经能够为我们提供清晰的、令我们满意的世界图景了。然而，像自由、正义、公平、道德、“良知与良能”、“心与理”、甚至全人类的解放这样一些无限性、理想性的问题是经验科学无法回答的。正因为有这些问题，我们才需要哲学，我们才要追求不限于经验的“纯粹”的思想——黑格尔的选择就是逻辑范畴。两千多年的西方哲学发展史，就是对世界的认识史。以往所有哲学，不论是唯心主义哲学还是唯物主义哲学，提出的关于世界本质的规定都是一些纯粹的思想规定。

按照公认的看法，黑格尔是两千多年的西方哲学的集大成者。黑格尔在他的《精神现象学》，特别是《逻辑学》中，自觉地将以往哲学的核心范畴纳入到自己的哲学体系中来，将之作为自己哲学体系的环节，并以辩证法贯而通之，从而完成了对整个西方哲学的总结与概括。按照列宁的说法，黑格尔辩证法是“对世界认识的历史的总计、总和和结论”。我们纵观西方哲学史，不论是泰勒斯的水、阿那克西曼德的无定形，还是阿那克西米尼的空气；不论是巴门尼德的“存在”、赫拉克利特的“流变”，还是柏拉图的“理念”，都是为了认识世界而提出范畴的尝试和努力。直到笛卡尔，依旧是企图以“我思”作为一个绝对的阿基米德原点，来获取关于世界的确定性的知识。直到康德的批判哲学，我们才认识到过去的哲学总是脱离人的认识能力而企图独断地直接将某种东西确定为世界的本源。因此，康德也将他之前的哲学称为独断的形而上学或者知性形而上学。按照康德的看法，我们所有合法的知识都仅限于经验的范围之内；本体的观念是来自我们的纯粹理性的辩证兴趣设定的理性概念，也就是先验理念。因此，以往哲学找到的三种本体性的观念，即上帝、灵魂、世界整体在经验中并没有对应的现实对象，因而是一种先验的幻象。我们在纯粹理论理性的范围内，不可能有关于本体的任何合法知识。

黑格尔对康德这个观点深为不满：如果我们的所有知识都局限在经验范围之内，那么，在经验科学日益“侵占”哲学的地盘的现实局面下，哲学很快便会失去其“家园”而变得无家可归。另外，康德只将本体性的观念当作“范导性”的观念而使我们的经验知识无限趋近于一个整体的看法，也无疑大大削弱与剥夺了哲学应有的职能。康德将我们关于世界的知识的确定性的基础归结为知性的范畴和相应的先验原理体系，而黑格尔正是从这里出发，指出康德哲学固着于片面的、僵硬的知性范畴，因而不是自由的哲学。

黑格尔要发展某种形态的绝对的或者本原性的知识而又不能陷入前康德哲学也就是独断哲学的窠臼，这就决定了他发展出的新的哲学形态只能是思辨哲学。按照黑格尔自己的说法，“我们必须在认识的过程中，将思维的形式的活动和对于思维形式的批判结合在一起。我们必须对于思维形式的本质及其整个的发展加以考察。思维形式既是研究的对象，同时又是对象自身的活动。因此可以说，这乃是思维形式考察思维形式自身，故必须由其自身去规定其自身的限度，并揭示其自身的缺陷”。黑格尔正是通过对思维形式本身和考察这种思维形式的思维过程的反思，揭示出克服康德的知性范畴片面性和僵化性的有效原则，这便是“思想的‘矛盾发展’”。黑格尔指出，“矛盾发展并不是从外面加给思维范畴的，而毋宁是即内在于思维范畴本身内”。这里所说的思想的矛盾发展，就是黑格尔的辩证法。我们知道，古希腊哲学到巴门尼德的“存在”，已经提出了黑格尔称赞的第一个“纯粹思想”，他有意识地继承了巴门尼德的“存在”概念作为自己逻辑学的开端，并以经过改造的赫拉克利特的“流变”概念，即辩证法作为原则，使得纯粹思想“运动”了起来。而纯粹思想的自我运动过程中的各个“节点”也就是范畴，都是以往哲学用来认识世界的思想，例如质、量、度；实体与属性、因果关系、相互作用，等等，都来自康德总结的范畴表。他与康德不同的地方在于，他发现了思维范畴本身的矛盾。换言之，黑格尔超越康德的地方在于以辩证法作为推动原则，将思维的各个范畴组织为一个有机的整体。既然矛盾发展并不是外界加给范畴的，而是内在于其本身之内，那么从一个范畴到另一个范畴的必然过渡，便可以说是纯粹思想本身的运动。纯粹思想的自己运动，也就是马克思说的“思维过程作为主体”，乃是黑格尔辩证法的根本原则和本体基础。

二、日新又新：生命的自我否定

经过上面的分析，我们接触到了黑格尔辩证法的“合理内核”。简单地说，这就是思维自己否定自己，并使自己不断丰富、发展的能动性。这种意义上的思维，也就是马克思说的“思维过程作为主体”。这是哲学中最重要的一个原则——以自己本身为中介，自己否定自己、自己发展自己的原则，也就是自由的不断实现。

用海德格尔的话说，西方哲学用了两千多年的时间，才达到了自我的中介。自我否定的辩证法原则为什么这么重要呢？我们可以说，自我否定的辩证法原则为运动与变化找到了一个本体论的基础。在这样的原则下我们才能理解，世界上一切变化的推动力，都在于生命本身。

即便从生理的角度看，我们的身体构成每时每刻都在发生着变化：新细胞的生成与旧细胞的死亡，心脏的跳动，血液的循环，身体机能的旺盛与衰减，如此等等。我们面前的世界，一时春和景明、波澜不惊，一时又阴风怒号、浊浪排空。我们之所以有如此这般变化的世界，是因为不断地变化着的我在看着世界；同时，我通过如此变化的世界，认识到如此变化着的我。我在变化，我在否定我自己。我们看到一粒种子生根、发芽、成长，直到开花、结果，我们也可以说这棵种子在不断地否定它自身；我们之所以这么看，是因为自我否定是我们的生命的原则。而从更根本上说，真正自我否定、发展和变化的是我们的精神。孔子那段著名的话“吾十有五而有志于学，三十而立，四十而不惑，五十而知天命，六十而耳顺，七十而从心所欲不逾矩”，便深刻刻画了一个自觉修养、自我进步的生命的发展历程，这是我们永恒的榜样。《中庸》中说的“苟日新，日日新，又日新”，也深刻表达着我们生命自我否定、不断生发的本性。这提示我们重视自己的精神修养，要让今日之我胜于昨日之我，而明日之我又胜于今日之我。这样，我们总是经历着新的我，反省着我经历的事情，领悟其中的道理，并用这些道理来丰富与校正自我的成长。这个成长的我，便是新的我、不断实现着自由的我。一句话，否定旧我、生发新我，乃是我们生命的本性。

由上述内容可知，黑格尔的辩证法以概念自我否定的发展方式，表征了人的历史性存在方式——否定性的自我生成。我们用以认识世界的概念之所以是自我否定的，是因为概念的背后是我们的精神性的生命。我们不断自我否定的生命驱动着概念的自我否定，以达到我们对世界符合整个人类时代精神的要求与精神自觉的认识。那么，黑格尔为什么倾向于将思维过程看作现实世界甚至我们的真实生命的“造物主”呢？马克思说黑格尔的辩证法将“思维的过程”作为“独立的主体”，我们必须要问，黑格尔为什么将思维过程当作独立的主体？他为什么将我们常见的石头树木等现实事物看作思维过程的“外部表现”？可以说，从古希腊哲学到德国古典哲学的思维历程，特别是黑格尔作为西方哲学集大成者的地位，决定了黑格尔的辩证法在唯物主义与唯心主义上的基本取向。现在，我们就可以探讨为什么旧唯物主义无法完成对黑格尔辩证法的颠倒，而马克思在何种意义上批判地继承了黑格尔辩证法中的合理因素，又如何实现了对黑格尔辩证法的颠倒了。

三、“颠倒”的真正实现：感性作为活动

表面上看起来，马克思关于黑格尔辩证法和自己的唯物主义辩证法之间的区分并不复杂，好像完成对黑格尔辩证法的颠倒也并不是什么困难的事情：黑格尔的辩证法不是以思维推证存在，以思维运动的过程和逻辑学的范畴作为本体性的基础来推证我们的现实世界吗？所谓思维过程、逻辑范畴，不正是我们批判的唯“心”吗？那么我们把黑格尔的“心”换成“物”，我们将物质看成本体性的基础和第一性的东西，将意识和思维过程及其载体——范畴看作第二性的、非本源性的东西，是不是就完成了对黑格尔辩证法的颠倒呢？正如我们上面提到的，问题的关键在于，这里的“物质”究竟是什么，我们在这里对“物质”采取了一种什么样的态度。简单说，这里的“物质”，是一个逻辑范畴。

黑格尔这样分析旧唯物论的来源：“经验主义一般以外在的世界为真实，虽然也承认有超感官的世界，但又认为对那一世界的知识是不可能找到的，因而认为我们的知识必须完全限于知觉的范围。这个基本原则若彻底发挥下去，就会

成为后来所叫的唯物论。”紧接着，黑格尔抓住这种唯物论的要害展开批评：“唯物论认为物质的本身是真实的客观的东西。但物质本身已经是一个抽象的东西，物质之为物质本身是无法知觉的。所以我们可以说，没有物质这个东西，因为就存在着的物质来说，它永远是一种特定的具体的事物。然而，抽象的物质观念却被认作一切感官事物的基础，被认作一般的感性的东西，绝对的个体化，亦即互相外在的个体事物的基础。”

黑格尔的意思很明显，旧唯物主义看作世界本体的“物质”，其本身就是一个范畴。经过这样的考察，结论就很明显了：不论是唯心主义还是旧唯物主义的哲学，其所赖以作为世界本体的东西，都是范畴或者概念。正是在这样的意义上，黑格尔说出了那句很有名的话：“所有真正的哲学都是唯心主义哲学。”而旧唯物主义对待“物质”采取的态度，用胡塞尔的话来说，恰恰是一种未经批判的自然态度或实事态度，而马克思最看重的，乃是辩证法的批判性特征。于是，我们尝试的对黑格尔唯心主义辩证法的颠倒就成了这样：我们将物质看成第一性的本体，而物质本身是一个逻辑范畴，于是第一性的本体地位的东西依然是思维，我们依然无法完成对唯心主义辩证法的颠倒。现在我们回过头来，看看问题所在。“物质”怎么就成了一个思维的逻辑范畴？列宁说，“物质本身是纯粹的思想创造物”，是对世界的“纯粹的抽象”，这样抽象出来的当然就是逻辑范畴。这也正是我们的自然态度或者世俗态度在哲学思维中的不足与症结所在：我们说石头、树木、山川、河流、房子、土壤这些都是物质，这些都没有错；但是，我们不能就此推论说，是石头、树木、山川、河流、房子、土壤这些东西决定了我们的意识。其实，这正是旧唯物主义包括费尔巴哈的唯物主义的所谓物质决定意识的看法。石头树木都自在地在那里，它们怎么能必然地决定我们的意识，并且使我们产生了认识所必需的逻辑范畴？到头来，我们只能在唯心主义的基础上反对唯心主义，我们坚持的仍旧是唯心主义而已。正是在这样的意义上，我们说旧唯物主义无法完成对黑格尔的颠倒。

对于黑格尔哲学，马克思采取实事求是的求真态度，批评其不合理的一面，但在人们抛弃并嘲笑黑格尔哲学之后，马克思则公然承认自己对黑格尔的继承。马克思说：“大约三十年以前，当黑格尔辩证法还很流行的时候，我就批判过黑格尔辩证法的神秘方面。但是，正当我写《资本论》第一卷时，愤懑的、自负的、平庸的、今天在德国知识界发号施令的模仿者们，却已高兴地像莱辛时代大胆的莫泽斯·门德尔森对待斯宾诺莎那样对待黑格尔，即把他当作一条‘死狗’了。因此，我要公开承认我是这位大思想家的学生，并且在关于价值理论的一章中，有些地方我甚至卖弄起黑格尔特有的表达方式。辩证法在黑格尔手中神秘化了，但这决不妨碍他第一个全面地有意识地叙述了辩证法的一般运动形式。在他那里，辩证法是倒立着的。必须把它倒过来，以便发现神秘外壳中的合理内核。”紧接着，马克思写出了那句关于辩证法的非常有名的话，这几句话被后世热爱与研究哲学的人们反复地引用：“辩证法，在其神秘形式上，成了德国的时髦东西，因为它似乎使现存事物显得光彩。辩证法，在其合理形态上，引起资产阶级及其夸夸其谈的代言人的恼怒和恐怖，因为辩证法在对现存事物的肯定的理解中同时包含对现存事物的否定的理解，即对现存事物的必然灭亡的理解；辩证法对每一种既成的形式都是从不断的运动中，因而也是从它的暂时性方面去理解；辩证法不崇拜任何东西，按其本质来说，它是批判的和革命的。”

马克思承认他是黑格尔的学生，他继承了黑格尔的辩证法；但是他又对黑格尔的辩证法作了根本性的颠倒和改造。这里所谓根本性，就是作为根据的原则。可以说，马克思在更为广阔的哲学背景上，克服了或者说次要化了黑格尔辩证法的神秘主义的形式，也就是它的唯心主义的神秘外壳。按照马克思自己的看法“观念的东西不外是移入人的头脑并在人的头脑中改造过的物质的东西而已”，这里最应该问的问题是，“物质的东西”怎么“改变”而“移入人的脑中”并成为“观念的东西”？对这个问题的回答，正是解答马克思对黑格尔的颠倒的关键，而且这些正是旧唯物主义不能回答的。我们上文已经讨论过费尔巴哈对黑格尔的思辨神学的批判，介绍过费尔巴哈注重感性事物的唯物主义的哲学倾向，这就是费尔巴哈哲学的“基本内核”。接下来，我们将就黑格尔、费尔巴哈、马克思三人思想之间的关系，来探讨马克思对黑格尔哲学的颠倒与马克思哲学区别于他的这两位前辈的新特点。

黑格尔的逻辑学体系，本质上所阐释的就是各个范畴之间的关系。按照费尔巴哈的看法，这些范畴及其相互之间的关系，无非是我们人的各种社会关系的抽象的、能动的反映或者说感性直观而已。黑格尔的逻辑学各种范畴，例如质、量、度在存在逻辑中的关系、存在论与本质论、概念论中的各种范畴之间的关系，不过是人们在社会交往中的各种关系被人脑所感性直观，并进一步抽象与整理的产物。因此，费尔巴哈认为，我们要批判黑格尔的思辨神学，批判黑格尔对世界的颠倒，就不能仅仅从批判他在逻辑学中的具体推理入手。因为从这样的角度出发，再怎么批判都是观念的批判；这种批判无法从根本上动摇黑格尔思辨神学的根基——社会关系。

费尔巴哈主张，要将黑格尔的绝对理念祛魅、揭露其神秘形式掩盖下的真正来源，就必须认识现存的社会关系。费尔巴哈提出一种“爱的宗教”与“类意识”来解释社会关系：人与人之间的关系根源于两性的爱或者情欲，这种关系是最为根本、最为原始的“你”和“我”的关系。以这种关系向更广的范围扩而充之，就能建立起更为广泛的人的

“类”的关系。我们看到，费尔巴哈将人与人之间的具体的、丰富的社会关系，抽象为一般的生物学意义上的欲望关系。那么他如何解释人们在日常生活中的道德关系呢？他在两性之间的爱的关系上作出一种引申，认为人与人的两性之爱的“你我关系”扩展为“类”的社会关系后，与之相应的道德与宗教意识便会成为一种“类意识”。按照费尔巴哈的看法，这种类意识便是人与人的一切社会关系的基础。由此，费尔巴哈认为他找到了黑格尔的绝对理念的基础——社会关系，并完成了对黑格尔的颠倒。费尔巴哈的确是以一种唯物主义的观点来看待人，然而他找到的人与人之间社会关系的基础——类意识，却仍然是一种唯心主义的解释原则。这也是他的唯物主义哲学仅仅从感性直观出发的必然结果。

马克思则认为，黑格尔的思辨神学确实是社会关系的颠倒反映，但其产生的基础不在于社会关系，而是人与人之间的经济关系、所有制关系。而经济关系是人实践的历史创造的结果。

马克思在《政治经济学批判》中根据人的个性发展状况将人类社会划分为三大社会形态，即“人的依赖关系（起初完全是自然发生的），是最初的社会形态，在这种形态下，人的生产能力只是在狭窄的范围内和孤立的地点上发展着。以物的依赖性为基础的人的独立性，是第二大形态，在这种形态下，才形成普遍的社会物质交换，全面的关系，多方面的需求以及全面的能力的体系。建立在个人全面发展和他们共同的社会生产能力成为他们的社会财富这一基础上的自由个性，是第三个阶段。第二个阶段为第三个阶段创造条件”。

可以说，以往各种哲学从一定程度上说，都是对人类的生产状况、生产关系、生活状况的思辨表达。而黑格尔哲学是以概念辩证发展的方式，抽象地揭示了人类历史性的实践活动的基本原则。这种概念的辩证发展，只是思维规定的发展，而这种辩证的过程对我们感性的具体性、丰富性与能动性是没有解释力的。要解释我们感性的丰富性，要么采取“逻辑创世说”，认为逻辑“流射”出了感性的世界；要么，必须承认感性本身的现实性与基础性，认识到感性作为能动基础对一切意识形式的基础地位。与黑格尔将思维过程看作主体不同，马克思的哲学“从直接的物质生产出发来考察现实的生产过程，并把与该生产方式相联系的、它产生的交往形式，即各个不同阶段上的市民社会，理解为整个历史的基础；然后必须在国家生活的范围内描述市民社会的活动，同时从市民社会出发来阐明各种不同的理论产物和意识形式，如宗教、科学、道德，等等，并在这个基础上追溯它们产生的过程”。这样，马克思在一个更为广阔的基础之上超越了黑格尔的唯心主义辩证法：以人们的感性活动、生活世界为基础，我们不仅可以理解我们感性世界的丰富性、我们人类创造的历史的丰富性与确定性，而且为黑格尔的辩证法找到了能动的物质性的基础。我们的思想之所以有客观性和确定性，乃是因为我们创造的属于人类的现实具有客观性；我们的思想之所以是自我否定的，乃是因为我们的感性活动与生命过程是自我否定的。我们的思想中的“观念性的东西”，正是在我们的感性实践活动中“移入人的头脑并在人的头脑中改造过的物质的东西而已”。在这样的意义上，我们说马克思真正实现了对黑格尔辩证法的颠倒。

我们说马克思主义哲学从其直接来源看，乃是黑格尔辩证法的“合理内核”与费尔巴哈唯物主义的“基本内核”的创造性改造与结合发生的“聚变”，是因为马克思将费尔巴哈的感性哲学与黑格尔辩证法中的自我否定的合理因素创造性地融合在一起，从而创立了全新的伟大哲学。马克思由此而提出了他的哲学的核心原则——人的感性活动与唯物主义的历史观。

第四章　“世界”何物，哲学何为

人们在什么样的基础和平面上怎么看待事物、现实和感性，就会有什么样的哲学。按照马克思的说法，关于事物、现实和感性，以黑格尔为代表的唯心主义哲学发展了的能动方面，但只是从意识的能动方面“抽象地发展了”它们。这种哲学当然就“不知道真正现实的，感性的活动本身”；而以费尔巴哈为代表的旧唯物主义，则“只是从客体或者直观的形式去理解，而不是把他们当作人的感性活动，当作实践去理解”。然而，只有现实的感性活动和人们的生产过程，才是人们以各种方式“解释世界”的真正根源。以往各种解释世界的哲学，其实都是人们在一定历史阶段中的实践活动状况的反映。在这样的意义上说，“改变世界的哲学”是“解释世界的哲学”的真正基础。马克思改变世界的哲学包含的核心思想是：感性活动、唯物主义的历史观，以及现实世界的发现与改变。

第一节 感性活动

一、“天才世界观的萌芽”：《关于费尔巴哈的提纲》

马克思在1845年写成了被恩格斯称为“包含着天才世界观的萌芽”的《关于费尔巴哈的提纲》，后来由恩格斯在几十年之后发表。这部短小精炼的著作，能让我们比较清楚地了解马克思对费尔巴哈的批判与继承性的发展。我们还记得马克思在他的博士论文中对伊壁鸠鲁的偏爱，是因为他在伊壁鸠鲁的哲学中发现了德谟克利特的原子论中缺少的“能动原则”，而这也正是费尔巴哈的唯物主义缺乏的东西。正是在《关于费尔巴哈的提纲》里，通过对费尔巴哈的批判，马克思提出了他的“感性活动”的哲学原则。

从篇幅上说，《关于费尔巴哈的提纲》可以说是一篇十分精练的小文章，只有寥寥千言。然而从内容上说，它可谓是字字珠玑，其中包含的思想却可能是我们平常见到的一部煌煌大著无法承载的。黑格尔也喜欢说，我们说一部作品内容丰富，并不是指它篇幅有多大，而是指它究竟包含着多少思想。《关于费尔巴哈的提纲》一共包含着短短的十一条，在其中，马克思紧紧围绕旧唯物主义的缺陷——直观性和受动性，完成了对包括费尔巴哈在内的旧唯物主义的批判，提出了自己的新唯物主义的观点：感性活动或者实践的观点。由于这个文献在马克思改变世界的哲学中的重要的地位，我们先将原文解释如下：

《关于费尔巴哈的提纲》第一条包含了马克思对费尔巴哈的唯物主义的批判的本质："从前的一切唯物主义，包括费尔巴哈的唯物主义的主要缺点是，对事物、现实、感性，只是从客体的或者直观的形式去理解，而不是把它们当作感性的人的活动，当作实践去理解，不是从主体方面去理解。因此，结果竟是这样，和唯物主义相反，能动的方面却被唯心主义抽象地发展了，当然，唯心主义是不知道现实的、感性的活动本身的。费尔巴哈想要研究跟思想客体确实不同的感性客体，但是它没有把人的活动本身理解为对象性的活动。因此，他在《基督教的本质》中仅仅把理论的活动看作真正人的活动，而对于实践则只是从它的卑污的犹太人的表现形式去理解和确定。因此，他不了解‘革命的’、‘实践批判的’活动的意义。”

在《关于费尔巴哈的提纲》第二条中，马克思指出了实践对于思维的优先性。这也正是旧唯物主义哲学无法超越唯心主义哲学的思维范畴的症结所在：“人的思维是否具有客观的真理性，这并不是一个理论的问题，而是一个实践的问题。人应该在实践中证明自己思维的真理性，即自己思维的现实性和力量，亦即自己思维的此岸性。关于离开实践的思维是否具有现实性的争论，是一个纯粹经院哲学的问题。”

在《关于费尔巴哈的提纲》第三条中，马克思则通过批判人的环境与教育决定论的观点，强调了人的活动、人的实践对改变人本身的根本性作用：“关于环境和教育起改变作用的唯物主义学说忘记了：环境正是由人来改变的，而教育者本人一定是受教育的。因此，这种学说必然把社会分成两部分，其中一部分凌驾于社会之上。环境的改变和人的活动或自我改变的一致，只能被看作并合理地理解为革命的实践。”

《关于费尔巴哈的提纲》第四条是对于费尔巴哈宗教观的评论。马克思指出，费尔巴哈将宗教归结为它的世俗基础是正确的，然而对于宗教存在的真正原因的解释及其批判的路径，费尔巴哈却没有抓到实质：“费尔巴哈是从宗教上的自我异化，从世界被二重化为宗教世界和世俗世界这一事实出发的。他做的工作是把宗教世界归结于它的世俗基础。但是，世俗基础使自己从本身中分离，并在云霄中固定为一个独立王国，这只能用这个世俗基础的自我分裂和自我矛盾来说明。因此，对于世俗基础本身首先应当从它的矛盾中去理解，并在实践中使之革命化。因此，例如，自从发现了神圣家族的秘密在于世俗家庭之后，世俗家庭本身就应当在理论上和实践中被消灭。”

《关于费尔巴哈的提纲》第五条只有短短的一句话，但直接点明了费尔巴哈的旧唯物主义的根本缺陷在于他强调的感性仅仅是从直观的意义上说，而没有注意到其中的能动的因素：“费尔巴哈不满意抽象的思维而喜欢直观；但他把感性不是看作实践的，人类感性的活动。”

《关于费尔巴哈的提纲》第六条中包含了马克思那个非

常著名的命题：人的本质在其现实性上，是一切社会关系的总和。而费尔巴哈正由于不理解人的这种本质，所以也就无法对这种现实的本质进行批判，并进而真正完成对宗教的批判：

“费尔巴哈把宗教的本质归结于人的本质。但是，人的本质并不是单个人所固有的抽象物。在其现实性上，它是一切社会关系的总和。

“费尔巴哈没有对这种现实的本质进行批判，所以他不得不：（一）撇开历史的进程，把宗教感情固定为独立的东西，并假定有一种抽象的、孤立的人的个体。（二）所以，本质只能被理解为‘类’，理解为一种内在的、无声的、把许多个人自然地联系起来的共同性。”

《关于费尔巴哈的提纲》第七条依然是批判费尔巴哈没有抓住人的社会本质：“因此，费尔巴哈没有看到，‘宗教感情’本身是社会的产物，而他分析的抽象的个人，实际上是属于一定的社会形式的。”

在《关于费尔巴哈的提纲》第八条中，马克思强调了实践对于社会生活的本质地位，并再次强调实践对理论的优先地位："社会生活在本质上是实践的。凡是把理论导向神秘主义方面去的神秘东西，都能在人的实践中以及对这个实践的理解中得到合理的解决。"

第九条和第十条比较了马克思的唯物主义与旧唯物主义之间的根本区别：是注重直观还是注重活动，以及是否真正注意到人的社会性本质："直观的唯物主义，即不是把感性理解为实践活动的唯物主义，至多也只能做到对'市民社会'的单个人的直观。""旧唯物主义的立脚点是'市民社会'；新唯物主义的立脚点则是人类社会或社会化了的人类。"

最后一条是《关于费尔巴哈的提纲》最为著名的一条，在这里马克思提出了对哲学主题的全新的界定："哲学家们只是用不同的方式解释世界，而问题在于改变世界。"

我们看到，在这部纲领性的著作中，出现最为频繁的字眼就是"感性"与"实践"。与费尔巴哈将感性理解为直观的不同，马克思的新唯物主义最根本的特点，就在于将"感性"与"实践"结合起来理解，将感性理解为实践的。

二、真正的能动性：实践活动

马克思在对旧唯物主义哲学的批判中，自觉地将他的新哲学与旧唯物主义和唯心主义哲学区分开来。在《关于费尔巴哈的提纲》第一条中，马克思批判了“从前的一切唯物主义”，并指出“和唯物主义相反，唯心主义却发展了能动的方面，但只是抽象地发展了”。并且，马克思直接阐述了自己哲学原则的两个最基本要素：唯物主义的基本立场和能动性的原则。下面我们就具体地考察这三种哲学观。

所谓旧唯物主义，至少包括马克思在博士论文中提到过的德谟克利特、伊壁鸠鲁，还有我们说过的费尔巴哈。我们略作回忆便能知道，德谟克利特的原子论主张原子作直线运动而无稍许偏离，这就等于主张说原子完全是一种自在的、机械的东西；既然是自在的东西，充其量只能是在自然因果律支配之下的“死”东西，这何以解释我们无限多彩的生命现象甚至理解我们的能动活动呢？伊壁鸠鲁以“原子的偏斜”为赫拉克利特的原子注入了些许能动的原则，但它只是人的能动性的一种抽象表达与不自知的向外投射。人的能动性经常以未充分自觉的形态出现在我们的日常生活和各种文化形式包括古典诗词中。

如何真正理解感性的能动性呢？举例来说，古人曾以“朝晖夕阴，气象万千”表达着岳阳楼的变幻万端的胜景。我们之所以能够品味岳阳楼那变化万千的气象，感受那种扑面而来的生动气息，是因为我们以自己变化着的状态与岳阳楼相互“生成”，是因为我们自己的“不容于己”，不容于刹那之前的我们自己，换言之，即便是在不自觉的状态下，我们依然是能动地否定自己的。真正的艺术家总是要把自己丰富的内心世界以创作对象的方式“外化”出来，作品之所以有生命，就在于它是艺术家生命的表达，它是活生生的东西。而我们之所以能够欣赏艺术作品，是因为我们能够“理解”它们，换言之，我们总是把自己的阅历、想象力与得自从前的一切教养投入到欣赏与理解的活动中。这个过程就是一种我们再创作的过程，我们与艺术作品一起“存在”。这样看来，实际情况并不是像洛克说的那样，我们的心灵是一块“白板”，被动地等着外界环境的刺激来让我们产生“印象”、形成经验；我们去欣赏画作、听一场音乐会、阅读一部文学作品，这本身就是带着生活经验的感性的理解活动。我们在与绘画、音乐、文字的“同时性”存在中理解我们自己，生成我们自己。在这样的视角之下，绘画是活的，音乐是活的，文学作品构筑的那个世界是活的；归根到底，我们自己是活的，是“活动”的。

当然，这种对感性的理解是一种偏重审美视角的对感性的理解，还不是马克思所说的感性活动。我们只是想要说明，即便是在我们不是“有意识地”、“有计划地”去从事活动的情况下，我们的生命活动依然是创造性的。这是德谟克利特的哲学无论如何都无法理解的；而伊壁鸠鲁的哲学则是抽象地而且很不充分地表达了这一点，换言之，他没有达到对这种活动的基础——人的精神性的生命的自觉，也没有意识到这种活动的丰富性。

我们回过头来看费尔巴哈。我们知道，费尔巴哈的哲学确实是把哲学的原则的重心放到了“感性”的人身上。固然，费尔巴哈对于唯心主义或者说逻辑中心主义不满并进行了犀利的批评，他要研究与思想客体不同的感性客体，因而他从客体或者直观的形式去理解现实的感性事物。这种理解方式无疑是比那种仅仅把无比丰富的现实认作不稳定的和毫无真理性的东西、认作逻辑确定性的附属物的看法要合理。因为对我们活生生的人来说，感性的现实是我们生活中真正需要的东西、真正依凭的东西。我们的归属感、幸福感、成就感，甚至我们的生活本身，都直接与感性的事物相关。逻辑的东西如果被发展为本体，与其说它是我们认识的真理，不如说它是对我们生命的抽象与压制。费尔巴哈的思路的合理性在于，他从正面肯定了现实的客观性的基础在于感性，而不在于逻辑化的理性；并且他第一次使我们觉察到意识以及意识的逻辑形式的派生性地位。

然而，正如马克思所说，费尔巴哈的唯物主义的主要缺点是："对事物、现实、感性，只是从客体或者直观的形式去理解。"只从客体或者直观的形式去理解现实事物意味着，他至少无法真正地说明与论证唯心主义哲学中的"理念"，作为本体性的东西的逻辑范畴的真实的来源，并且因此无法真正揭露在其神秘形式掩盖下的人的精神产物对人本身的压制。对于这些，费尔巴哈只是天才式地"直观到"而已。按照我们在"移植来的樱桃树"中的介绍，费尔巴哈的思路只能将感性硬生生地断言为思维的逻辑形式的来源，或者说他只能把思维形式的基础硬生生地安插在人的感性直观中。他的理论是缺乏相应的说服力的：如果我们的感性仅仅归结于直观，我们仅仅是感性地被动地接受外界自然对我们的作用，那么很显然，我们只能产生一些丝毫没有规律的感觉印象，这何以能解释我们思维的逻辑形式呢？所有的感性事物对我们的心灵来说，只能是雁过留声或者惊鸿一瞥，这样一来，我们就连自然的规律性都无法认识到了。可以说正是在这一点上，费尔巴哈哲学倒退回到了前康德水平，因而也就无法完成对唯心主义哲学的真正超越。

之所以如此，其最根本的原因就在于费尔巴哈的感性学说中缺少能动的因素，这也就是马克思说的他不把感性“当作人的感性活动，当作实践去理解”。这样的直接结果是，费尔巴哈只能达到对事物的呆板的、静止的直观，只能达到“感性的确定性”。这样直观到的世界，就只是一个被给定了的、没有发展的静止的世界。然而，这样一来，我们如何理解我们人类的进步呢？如何理解我们人类创造出的日益丰富的物质与精神文明呢？我们面临的不仅仅是人类没有涉足过的自然界——事实上，这种意义上的自然已经很少了，而且它们对我们人类来说只是象征性的存在而没有实际意义。我们人类的世界，是马克思说的属人世界，是我们不断与之发生相互作用的世界，是我们不断改变它，使它满足我们人类需求的世界。而这个世界同我们的实践活动，是不断地相互生成的。正是在这个过程中，我们改变了世界，丰富了自身，我们人类发展出了社会性的维度。可以说社会是我们的生存、交往、生活的最为基础的平面；我们发展出了自己的历史，并通过这样的历史不断地理解自己。有“直观”而无“活动”的唯物主义，显然使我们无法理解我们真实的世界，也无法使我们以合理的态度面对并进而改变这个世界。

我们再来看唯心主义哲学，特别是德国古典哲学。他们如何理解现实事物呢？为什么说他们抽象地发展了能动的方面呢？

近代西方哲学家们讨论的主要问题是如何理解现实事物的客观性的问题。认识论哲学从经验论与唯理论的争论到康德的《纯粹理性批判》的发展过程，是一个逐渐意识到、自觉到人的思维的自发活动能力的过程。从康德关于认识能力的感性、知性和理性的区分开始，德国古典哲学就把现实事物的客观性归结为思维的形式。对康德来说，我们之所以能够有关于世界的经验，感性仅仅起着一个接受刺激并在空间和时间的纯粹直观中为我们的意识提供“质料”的作用。我们的认识之所以具有客观性，完全在于知性的纯形式——范畴的综合作用。按照康德的看法，知性将直观的杂多材料带到一个所谓一般对象的形式中，我们便有了一个具体的对象的意识；接下来，知性的范畴对这个一般对象进行连接与判断，才形成经验。可以说在康德哲学中，现实事物的客观性只能是范畴作用的结果。

黑格尔哲学，特别是他的逻辑学将康德的知性范畴的无原则的并列性、形式性克服掉，从而发展为一个逻辑体系。黑格尔发现了范畴自身的矛盾本性，从而以辩证法的能动的否定作用实现了范畴之间的过渡，并达到“绝对精神”的自我意识。按照黑格尔的看法，某种事物之所以对我们来说是现实事物，乃是因为它们符合“绝对精神”的规定。“绝对精神”在自我发展、自我认识中的一系列阶段和范畴，决定了事物之为事物，规定了事物的“物性”。只有符合于理性的、逻辑的、绝对精神的事物，才对我们显示为现实事物。

尽管康德哲学与黑格尔哲学有种种不同，但是他们在将事物的客观性归结为思维形式这一点上是相同的。事物之所以是“客观事物”、“现实事物”，是因为我们思维形式的能动规定作用。经过这样的考察，我们评价他们的哲学观就很容易了：按照德国古典哲学的理解，事物、现实并不是像英国经验论认为的那样是单纯的外在于我们的东西，而是我们思维范畴的自发的、能动的规定作用的产物。这说明他们已经把人类主体的能动作用带入到哲学原则中来了，就这一点而言，唯心主义哲学是有其合理性的一面的。但从根本上说，这种哲学原则是神秘的，因为它脱离了具体的感性，因为它“当然是不知道真正现实的，感性的活动本身的”，因而只是“抽象地发展了能动的方面”。

唯心主义哲学没有进一步追问：我们的思维的逻辑形式、我们的意识为什么会有能动性呢？毫无疑问，我们有必然性的、能动性的思维形式，是我们能够理解世界、解释世界的必要条件，然而，关于我们为什么要如此这般地理解世界、解释世界，唯心主义哲学并没有给出合理的回答。康德的认识论哲学，主要是回答休谟关于因果关系有无客观性的问题，于是他直接提出来将知性的范畴作为能动性的活动，为我们的经验和现实事物的构成发挥了综合的作用；黑格尔哲学，特别是他的《精神现象学》，则对这个问题有了一定的觉察。但是这部著作中相关的主要论述，特别是“自我意识”部分，其主要目的还是在于论证人的各种思维范畴之间过渡的必然性的。黑格尔将人的劳动过程，看作是思维范畴能动性过渡的一个组成部分与环节，他还是将现实的丰富性降格为逻辑确定性的附属品的。可以想见，这样的哲学只能让人舍弃人本身的尘世生活，不断地放弃自己真实的希望与梦想，而不断地踮起脚尖向着一个非人身的理念物“拔高”。这与其说是人对自己理想的追求，还不如说是人自己的一种宗教性的设定物对人本身的反噬。之所以如此，正是由于唯心主义哲学不懂得人的感性活动、人的物质生产实践才是人的思维范畴的活动性、人的意识能动性的真正来源。

我们只有将眼光调转过来，才能发现事情的真相，才能回到“事情本身”。我们有什么样的生活，才能有什么样的认识；我们的实践有什么样的需要，我们才会产生什么样的思维形式。哲学的活动之所以是不断反思与寻找基础的活动，就是因为如果找不到合理的基础，哲学本身的发展就会走偏路子。哲学在不够合理、不够深厚的基础上的思辨发展，只能是片面的发展；这种片面发展到极致，反而会造成哲学的危机，甚至会造成我们人类生活本身的危机。黑格尔将人本身看作是“绝对理念”的完成的工具与环节就是一个例子。

马克思将人的感性活动、人本身的生活形式作为意识能动性的真正来源，就具有强有力的说服力和矫正哲学对人本身作用的重要意义。我们人作为自我否定的存在，是一种不断需要将自己的本质“外化”出来的存在。这种外化的过程，就是我们的感性实践活动过程；这种外化的产物，就是我们的劳动产品以及我们改造过的世界。在这个实践过程中，我们的能动性的意识作为一个环节，使我们按照实践活动的需要认识世界。意识是我们与世界打交道的“中介”。思维的逻辑范畴作为这种能动环节的“总结”与“阶段性成果”，就被这样固定下来并传承下去。思维范畴作为我们下一步实践的经验的结晶而发挥着作用，并随着我们实践的发展而得到进一步的总结与完善。

马克思的新哲学观的发现与他对传统西方哲学的批判是分不开的。在《德意志意识形态》中，马克思揭示了传统西方哲学产生的思想根源和社会根源：随着社会生产力的发展，特别是生产效率的提高，出现了物质劳动和精神劳动的分工。在这样的前提下，意识才能想象到“它是和现存实践的意识不同的某种东西；它不用想象某种现实的东西就能现实地想象某种东西。从这时候起，意识才能摆脱世界而去构造‘纯粹的’理论、神学、哲学、道德，等等”。也就是说，只有当精神劳动从物质劳动实践分离出来之后，意识才有可能将事物、现实和感性进行抽象并形成思维的逻辑规定。这种抽象发展到一定阶段，就会形成黑格尔称许的“纯粹思想”，也就是形成摆脱所有感性要素的纯粹的思想规定。在整个西方哲学发展史上，人们很容易将这些思想规定形成的完全脱离现实世界的思辨哲学体系，看作本体性的东西，甚至看成是现实世界的本源。从这样的意义上说，唯心主义哲学以活动性的思维范畴的形式表达的意识的能动性，是从真正的现实世界抽象出来的能动性。他们将这种能动性灌注到逻辑体系中，便形成了一个摆脱了现实世界的抽象王国。黑格尔将这种抽象的王国凌驾于现实之上。

马克思说这种世界是“颠倒的世界”。马克思的哲学正是要批判这种西方哲学两千多年的形而上学世界的“樊笼”，让我们重新返回现实世界的“自然”。我们常说，马克思通过这种对旧哲学的批判和颠倒，创立了全新的哲学，实现了西方哲学思想的革命，其主要原因就在于马克思找到了传统西方哲学的真正基础：现实的世界。马克思找到了理解这个现实的世界的新的视角：人的感性的实践活动，并且将之作为哲学的原则。这个原则是所有的传统西方哲学家隐秘地当作基础而没有自觉到的东西，因而只是抽象地发展了的东西。西方传统哲学从其产生开始，就要回答世界的本源是什么；哲学家们找到的范畴，如水、无定形、空气、存在，等等，无不是要寻求一种最根源的、永恒的意义。近代哲学如笛卡尔的“我思”，康德的知性范畴，直到黑格尔以思辨概念体系表达的绝对精神，这些无不可以看作是同种意义的寻求。

马克思从人的感性活动的视角去理解事物、现实和感性，用孙利天先生的说法，就是“把事物和现实世界看作是历史活动中的生成和发展，从而把包括哲学认识在内的一切意识形式也看作是历史发展的过程，这就历史性地终结了永恒真理、永恒意义和意识绝对确定性的哲学幻想，终结了西方传统哲学思维方式的有效性”。这种视角的重大意义就在于它“一方面揭示了意识能动性的真正的、现实的根源，具体而非抽象地发展了意识的能动的方面；另一方面也揭示了意识显现的事物和现实的真正的客观性和自在性，把旧唯物主义单纯直观的感性确定性发展为历史实践的相对确定性”。以往哲学要为人类的生活、人类所有的活动找到一个终极的原理，认为我们只要追求到了它，就能一劳永逸地解决所有问题。实际上，这只能让人们在一个类似于上帝的哲学范畴中得到虚假的自我安慰，产生思想与行动上的双重懒惰。在这种情形下，人们只能将自己的命运寄托于一个想象物，或者将自己的这种追求“投射”为一个外在于自己的虚幻的世界。这只能对人们当下的现实生活产生压制，让人们无法真正地面对现实生活。我们意识显现中的事物和现实，其客观性只能在人的实践活动中，而不在作为抽象物的逻辑范畴中。哲学只有在人的感性实践活动中才能真正找到自己的基础，找准自己的位置，并达到对自己目标与功能的自觉。我们应该承认，哲学只是在人们历史性的实践活动中产生的一种意识形式，它表达了这个历史阶段人们的精神性追求。不同的历史时期有不同的哲学精神，有不同的时代精神。哲学无法追求到真正永恒的绝对性，达到超越于一切时间与历史的“绝对真理”；哲学只能追求与自己的时代相应的“相对的绝对性”。孙正聿先生说得好，哲学是“思想中的时代”。这样，我们就过渡到马克思的唯物主义的历史观。

第二节　唯物主义的历史观

一、老鼠牙齿下的光辉著作：《德意志意识形态》

1845年，马克思被逐出巴黎，并带着家人流亡布鲁塞尔。同年，恩格斯来到布鲁塞尔，继续着他们之间伟大的合作。他和卢格等人为马克思进行了筹集募捐，用他们的话说，是要“按共产主义的方式让我们大家分担你因此而支出的意外费用”。他们主要从莱茵地区的朋友那里募捐到将近1000法郎。对坚强的人来说，身处异乡的困厄并不单单意味着消磨人的意志的不幸。他们会在困厄中奋起，扼住命运的咽喉。正是在这个时期，马克思和恩格斯两人的思想就像是黑暗中的火星，倔强地燃烧起来并放射出崇高的光芒。他们打算将这些思想诉诸笔端。

从这一年的秋天开始，他们开始投入忘我的写作。对于他们来说，这个过程是愉快的。从事自己真正喜欢的事业，又有生死相依的朋友互相砥砺，这样打磨出来的思想便如钻石一般坚硬并且耀眼。他们一边写作一边交流，会心之处经常相视而笑，爽朗的笑声经常把熟睡的家人吵醒，而这个时候常常已经是凌晨三四点钟了。总而言之，这本书写作的那段时间，对他们来说是被思索与发现的狂喜环绕、填满的幸福的日子，他们通宵达旦、夜以继日地工作而又丝毫不感到疲倦。关于当时的情形，马克思后来写道：“我们决定共同钻研我们的见解与德国思想体系的见解之间的对立，实际上是清算一下我们过去的哲学信仰。这个心愿是以批判黑格尔以后的哲学的形式来实现的。八开两本厚册的原稿早已送到威斯特伐里亚的出版所，后来我们才接到通知说，由于情况改变，稿子已不能付印。既然我们已经达到了我们的主要目的——自己弄清问题，我们就情愿把原稿留给老鼠用牙齿去批判了。”而事实上，老鼠也果然没有留情，将这部煌煌巨著“批判”成了残稿。这就是后来出版的《德意志意识形态》。这一著作主要是对黑格尔派的成员鲍威尔、施蒂纳等人的批判。令人遗憾的是，这一著作并没有写完，很可能是最重要的部分——关于对费尔巴哈的批判没有完成。但是这部没有完成的著作，却已经相当清楚地阐述了马克思的第一个伟大发现——唯物主义的历史观，揭开了人类历史的神秘面纱。其实，谈马克思的唯物主义的历史观，离不开上面已经介绍过的人的感性的实践活动。这一点在下面的论述中将会很清楚地看出来。

《德意志意识形态》是一部论战性的著作，这从它的副标题“对费尔巴哈、布鲁诺·鲍威尔和施蒂纳代表的现代德国哲学以及各式各样先知代表的德国社会主义的批判”就能看出来。马克思和恩格斯在这部著作中以幽默辛辣的笔调讽刺批判了他们的论敌们，而又以极其认真的态度提出了自己的哲学观点。

当时的德国哲学在黑格尔的理性主义大厦崩塌之后，出现了热闹非凡的局面。原来从事黑格尔哲学的人们热衷于将黑格尔哲学体系中达到绝对精神过程中的各个逻辑范畴拿出来进行重新的组合与改装。他们拿着这种僵硬嫁接的各式各样的哲学概念到处兜售，并互相竞争、互相倾轧。马克思和恩格斯称他们为“德国的玄想家”。他们这样描写当时这种充满了滑稽趣味的“盛况”：黑格尔哲学解体的过程成为“一种席卷一切‘过去的力量’的世界性骚动。在普遍的混乱中，一些强大的王国产生了，又匆匆消失了，瞬息之间出现了许多英雄，但马上又因为出现了更勇敢更强悍的对手而销声匿迹。这是一次革命，法国革命同它相比只不过是儿戏；这是一次世界斗争，狄亚多希的斗争在它面前简直微不足道。一些原则为另一些原则所代替，一些思想勇士为另一些思想勇士所歼灭，其速度之快是前所未闻的。在1842年—1845年这三年中间，在德国进行的清洗比过去三个世纪都要彻底得多”。他们将黑格尔的绝对精神瓦解之后各个部分比喻为化学物，在它们“重新化合，构成新的物质”之后，“那些以哲学为业，一直以经营绝对精神为生的人们，现在都扑向这种新的化合物。每个人都不辞辛劳地兜售他得到的那一份”。这些人中就包括马克思和恩格斯的论敌、新黑格尔主义者鲍威尔和施蒂纳。在他们吵闹得不可开交的时候，马克思和恩格斯却提出要“站在德国以外的立场上来考察一下这些喧嚣吵嚷”。

在青年黑格尔派，如鲍威尔等人看来，“宗教、概念、普遍的东西统治着现存世界”，“是人们真正的枷锁”。因为这些东西又是人们意识的产物，因此只要用一种批判的意识代替现在的意识便可以解除这种限制与枷锁了。所以，他们认为自己确实是在批判“上帝”、“贫困”、“资本”等概念，并指望在头脑中通过批判地扬弃这些概念，以为这样便能从这些东西中解放出来了。马克思讽刺他们说：“青年黑格尔派玄想家们尽管满口讲的都是所谓‘震撼世界的’词句……不过他们忘记了：他们只是用词句来反对这些词句；既然他们仅仅反对这个世界的词句，那么他们就绝对不是反对现实的现存世界。”换言之，他们对世界的所有的反抗，都仅仅发生在思想中、头脑中，而没有看见真正的现实，更别说作出改变现实世界的行动了。因此，马克思还对这种思辨的呓语挖苦说：“有一个好汉一天忽然想到，人们之所以溺死，是因为他们被关于重力的思想迷住了。如果他们从头脑中抛掉这个观念，比方说，宣称它是宗教迷信的观念，那么他们就会避免任何溺死的危险。”

在马克思眼里，青年黑格尔派中提出过一些正确的见解并在真正意义上批判过黑格尔的，只有费尔巴哈一个人，并称只有他的著作可以“认真研读”。费尔巴哈比其他的唯物主义者优越的地方在于，“他承认人也是‘感性对象’”。然而，正如我们在“感性活动”部分提到过的那样，费尔巴哈没有把人看作“感性活动”。在这里，马克思是从历史的视角来批判费尔巴哈的。按照马克思的说法，将人仅仅看作感性对象的看法，仍然停留在理论的领域内，这样看到的也只能是抽象的人；这样的人之间，除了具有费尔巴哈说的爱之外不可能具有真正现实的社会关系。既然费尔巴哈没有把人理解为“活生生的感性活动”，那么便可以合理地想象，假如他看到大批辛劳过度、受着压迫的穷困潦倒的人，费尔巴哈便只能求助于“直观”或者平等的观念。也就是说，在最需要我们发挥自己真正的能动性而改变这个世界的地方，费尔巴哈陷入了唯心主义。因此，马克思说：“当费尔巴哈是一个唯物主义者的时候，历史在他的视野之外；当他去探讨历史的时候，他不是一个唯物主义者。在他那里，唯物主义和历史是彼此脱离的。”

二、真正的历史：生产活动的视角

经过对上述一些当时德国的哲学观念的批判，马克思提出了唯物主义的历史观：“这种历史观就在于：从直接的物质生产出发阐述现实的生产过程，把同这种生产方式相联系的、它产生的交往形式即各个不同阶段上的市民社会理解为整个历史的基础，从市民社会作为国家的活动描述市民社会，同时从市民社会出发阐明意识的所有各种不同理论的产物和形式，如宗教、哲学、道德，等等，而且追溯它们产生的过程。”马克思对唯物主义历史观的具体论证，是从“一切历史的第一个前提”出发的：人为了能够“创造历史”，必须能够生活。这是一切观念史，包括哲学史，乃至人类的整个社会发展史的基础。这个想法看起来很简单，然而必须说，这恰好击中了所有的旧哲学，特别是唯心主义的薄弱点。哲学家们为了世界的本源而殚心竭虑地思辨出的结果，是一个个精神范畴；他们用这样的范畴来解释世界是怎么来的，世间万物是怎么互相转化的；他们论证我们经验对象之间必然的联系和规律，例如因果律等。他们论证我们如何才能用思维范畴确定性、客观性地规定经验对象，如果无法达到稳定的概念规定，这种自我意识的要求如何转化为怀疑主义、苦恼意识，并依此来解释宗教的产生。他们论证人的认识又如何通过达到“绝对精神”自我意识的要求而与现实世界和解，如此等等，不一而足。然而，我们想象，如果一个哲学家没有生活必需的物质资料，成天饿着肚子，那么他首先思考的应该是食物在哪里，为了获得食物他该如何筹划着去劳动赚些钱来，而不会是世界的本源是什么；他也不会成天冥想如果他去劳动，是不是一定能够赚到钱，或者劳动与报酬之间的因果确定性到底如何能够保障，等等。人要生活，就需要吃穿住用的一些物质资料。

马克思说："第一个历史活动就是生产满足这些需要的资料，即生产物质生活本身，而且这样的历史活动，是一切历史的一种基本条件，人们单是为了能够生活就必须每日每时去完成它，现在和几千年前都是这样。"紧接着，马克思指出了人类历史的第二个事实："已经得到满足的第一个需要本身、满足需要的活动和已经获得的为满足需要而用的工具又引起新的需要，而这种新的需要的产生是第一个历史活动。"在满足了人的生活的需要之后，生活得以继续，就又引起新的需要，这样，满足人的需要的活动就需要连续不断地进行下去。第三个事实是，人不仅需要生产物质性的资料，还需要繁殖。只有这样，人类的历史才能不断地延续。繁殖则产生包括夫妻关系、亲子关系在内的家庭关系。随着人口的增多，人们又产生了新的需要，这就发展出了更为广阔的社会关系。因此，"生命的生产，无论是通过劳动而达到的自己生命的生产，或是通过生育而达到的他人的生命的生产，就立即表现为双重关系：一方面是自然关系，另一方面是社会关系"。而社会关系，在这里就是"许多个人的共同活动"。这种共同的活动方式本身，就是我们早已经熟悉的“生产力”概念。

生产力的总和决定了人类历史上各个阶段的社会状况，推动着人类历史从原始社会、奴隶社会、封建社会、资本主义社会一直到社会主义社会以及将来的共产主义社会的发展。在这个发展的过程中，人的生命的生产（无论是自己的生命还是他人生命的生产），其本身都与人的需要有关，这也就是说，人们之间是有物质联系的。这样，马克思指明了“历史”的真实含义：“这种联系是由需要和生产方式决定的，它和人本身有同样长久的历史；这种联系不断采取新的形式，因而就表现为‘历史’，它不需要专门把人们联合起来的任何政治的或宗教的呓语。”历史唯物主义就是从这样的事实出发来考察人的感性实践活动从一种形态向着另一种更高级形态的转变；千千万万人的这种感性实践活动，也就是我们已经熟知的经济基础。

在正面阐述了上述观点之后，马克思对意识的探讨便有了深厚的基础；而我们也能够对以意识为原则的哲学有更为合理的理解。像物质资料生产和人类本身的生产一样，意识也被马克思视为是历史的一个因素。德国古典哲学以意识的能动性活动（知性）来解释我们现实世界的客观性。古典哲学家们以意识对自身各种范畴和各个发展阶段的能动性超越来隐喻我们生命和精神的能动性。

然而，我们为什么会有意识？意识本身是怎么来的？这些是旧哲学不能回答的问题，以前的哲学家们独断地使用意识作为哲学的原则，却没有继续追问意识本身的来源和基础。这正是他们无法摆脱神秘性的原因。他们追求纯粹的思想，也就是纯粹的意识规定形式，然而，马克思在这里一针见血地指出，这种意识并非一开始就是“纯粹的”意识：“‘精神’从一开始就很倒霉，受到物质的‘纠缠’，物质在这里表现为振动着的空气层、声音，简言之，即语言。”很多现当代哲学家在批判传统西方哲学的时候，都将它界定为“逻辑中心主义”。然而，即便是逻辑范畴、思想的各种形式，从其表现来说，也不仅仅是意识性的东西。思想之所以能表现出来，就是借助于语言这种社会性的物质现象。这还只从声音的角度说。如果从书写的角度说，语言就更具有物质属性。书写表现出来的语言，怎么都不可能脱离“笔画”，或者德里达说的“道道”这种物质的外部形式。既然有意识也就意味着有语言，那么两者必然有着历史的同步性。语言的贫乏也就意味着意识内容的贫乏，意识的内容是随着语言的日渐丰富而逐渐丰富起来的。

那么，语言是怎样产生的呢？我们为什么需要语言？马克思的回答是，语言和意识都是来源于生产实践着的人们的实际需要。既然人们在社会关系中进行生产实践，关于实践的目标、方式等问题，他们就必须通过协商达到某种程度上的统一。这也就意味着，人们迫切需要相互交流。而要交流，就必须发展出某种大家都认可、都能够接受的“符号”，作为不同个人、不同时段的交流的基础。将这种符号作为口头化的惯例以及按照书面化的形式进行统一化并保存下来，就是语言。从这样的意义上来说，语言就是现实化的意识，因为意识无非也就是对外面世界、对同样进行着实践活动的人的意识和对其自身的形式——语言符号和范畴的意识。按照马克思的分析，意识在它的最初形态上，是无法从它所由以产生的基础即生产活动分离开的。意识首先是对自然界和不同于自身的其他的个人和其他的物的意识。同时，人需要不断地同他人打交道，这个时候，他便会意识到人是生活于社会之中的。

人们不断地进行着物质生产，人本身的需要也在不断增长，同时人也不断地繁衍着人自身。人们的生产水平达到一定程度，人口增加到一定数量之后，社会的生产本身也就不可能继续延续单个人互不相关的独立劳动，而是需要不同的人从事不同形式的劳动，以形成社会性的协作，这也就是马克思所说的分工。直到出现了体力劳动与脑力劳动的分工之后，脑力劳动者才可能专门从事理论、哲学、宗教等意识形态的研究。这种研究经过一步一步的发展，就有可能形成各种理论性的东西，并与现实、与人们的实践活动逐渐脱离。到了后来，人们就开始研究“意识中”的各种理论，如哲学、科学、宗教等。而意识本身也往往误认为自己能够离开实践和现实世界而独立存在。它开始专门研究自己的各种形式如纯粹的逻辑范畴等，反而忘记了自己的“土壤”与根基。各种理论形态的东西愈益发展，它们本身脱离现实世界的倾向就可能愈益强烈，当它们发展成“独立于”现实的各种思想体系的时候，就会反过来作用于人们，并对人们形成思想上的压迫与统治。

那么，一种思想观念或者意识形态，到底如何成为统治的东西呢？按照马克思的分析，在每一个时代占有统治地位的思想，也就是统治阶级的思想。某个社会阶段的统治阶级支配了物质生产的资料，这种物质关系表现在这个时代的观念上，就是这个阶级实行统治的思想。这其中大体的逻辑是这样的：一个阶级能够达到对一个社会阶段的支配，他们不仅仅对物质性的生产进行支配。这种对物质性生产资料的支配，使他们能够对各个领域，当然也包括对思想观念领域的生产与分配的支配。因此，这个阶级的思想，也就是这个时代占有统治地位的思想。让我们联想一下我国古代思想的更替，这一点就容易理解了。秦始皇统一六国，实际上控制着人们日常生产的当然是侯王阶层，当时的主要生产资料——土地，大体上要归于君主，郡县的官员只是起到管辖作用而已，并无世禄。这种物质生产的统治权导致了侯王阶层对思想生产的统治权，于是才有了我们中华大地上的千古文化浩劫——焚书坑儒。当时秦始皇采用李斯的建议，“天下敢有藏诗书百家语者，悉诣守尉杂烧之……所不去者，医药、卜筮、种树之书”。当时奉行的统治思想，也就是李斯韩非的法家思想而已；到了汉朝初期，统治阶层要休养生息，提倡“无为而治”，于是黄老学说盛行；而汉武帝时期，又推举儒家思想，于是就有了董仲舒的“罢黜百家，独尊儒术”。

上面所述都可以看作占据物质资料统治地位的阶级对思想的生产和分配的统治。在这里，统治阶级的个人都是有意识、能思想的。联系到上面所说的分工我们就可以理解，这个阶级内部有一部分人成为这个阶级的思想家，专门从事意识形态的概括与抽象。他们从统治阶级的各种思想不断地抽象，便形成了作为纯粹思想规定的“范畴”与观念，并把它们当作这个时代具有统治地位的东西。在黑格尔那里，就是把人类历史发展不同阶段的抽象观念发展为一个思想范畴“自我规定”的体系，并作为他那个时代最抽象的统治性的思想。这种思想观念就作为普遍性的东西转而成为统治与压迫的东西了。

到了这里，我们总结一下唯物主义的历史观与唯心主义的历史观的区别。唯心主义哲学在考察历史的时候，总是习惯于在每个时代的观念中抽象出一个个范畴，借此来解释世界，解释人们的精神状况，解释人们的活动。“最高者”、

“唯一者”、“上帝”等莫不如此。当人们意识到自己经受着这些抽象东西的压制之后，他们便会企图反抗。然而在唯心主义的视角下，人们只能通过“意识之内的操作”来批评这些观念，颇有些“头脑中闹革命”的意思。我们知道，这种批评与反抗最终的结果是即便批判倒了某些观念，接踵而来的类似的观念又以改头换面的形式冒出来，人们终究要陷入循环的怪圈。任何想突破这种怪圈的努力就像揪住头发想要跳离地球一样，只是幻想而已。

唯物主义的历史观则完全不同：这种历史观要在现实的基础上、在生产活动的视角上来考察各种观念形态。这意味着，当我们认识到某些抽象的观念形式的压迫，我们将自觉到它们都是意识的形式和产物，并且自觉到要消灭它们仅仅通过精神性的批判是不够的。我们必须改变它们从中生长出来的社会关系。根基拔掉了，那些观念性的枝叶就自然会枯萎和消灭。

因此，我们必须重新去感悟、重新去寻找并回到现实世界的丰富土壤。从人们的感性的活动中，人们每天首先都是“感悟”到世界和人本身的丰富性。“云在青天水在瓶”，流云姿态万千，青天一碧如洗，绿水滋养万物，瓶子则光滑润泽，它凝结着人们的劳动，它取自承载万物的大地。人们通过自己的活动产生出了各种各样的属于人的文明形态：物质性的产品，改造过的自然，人自身的意识，各种艺术形式，还有哲学。经过这样的分析之后，我们再来反观以往的意识哲学。思维过程本身固然是能动性的，因为它产生于人们能动性的生产过程，产生于人们能动性的生命本身。但是将思维过程单独地抽象出来并提高到一个本体性的地位，其片面性是不言而喻的：思维过程如何解释丰富的感性本身呢？更进一步说，如何解释新的感性的东西的产生呢？思维过程、逻辑的东西再怎么能动，也不能凭空就产生出高楼大厦，产生出飞机汽车，产生出《第九交响曲》，产生出《蒙娜丽莎》。可见，缺少物质性的能动根基，是唯心主义哲学永远无法弥补的缺陷。事实是，人们的生产活动产生了意识，产生了意识哲学。哲学在发展自己的同时，千万不要忘记滋养自己的土壤，千万不要忘记回家的路，千万不要忘记了“人本身”。

第三节　现实世界的发现与改变

一、现实的发现：“世界”是什么

为了更好地理解马克思改变世界的哲学，并且在我们已经介绍过解释世界的哲学的情况下，是时候来了解一下“世界”是什么了。简单地说，对于世界，我们的常识的理解、古代哲学的理解、近代哲学的理解、马克思主义哲学的理解都是不同的。对世界的不同理解，决定了某种哲学的主题，同时也决定了这种哲学的特质。

按照我们今天的常识理解，世界就是我们身边经验的事事物物和他人。这个世界有红花绿树，有大厦高楼，有高山大海，有河流小溪，上有青天下有大地。这个世界中有我们爱着的家人，有我们交游的朋友，有匆匆的过客……我们与这个世界打交道，从中获取我们的生活所需，从中寻找着真善美，从中演绎着爱恨情仇；我们是人，当然也是这个世界的一部分。总而言之，世界就是这么个样子。

古代哲学对世界的理解带有浓重的经验常识意味，用后来哲学的术语说，是一种朴素性的理解。古代哲学理解的世界是指所有自然存在物的总和。它不仅包括我们普通所谓自然存在者，例如上面提到过的山川树木，海洋大地，各种各样的星体等，还包括人和人的灵魂与其他的自然存在者。这个世界如洪炉，熔铸了六合之内一切的一切。这一点可以清楚地从我们前面对古希腊哲学的介绍中体现出来：泰勒斯、阿那克西曼德、阿那克西米尼提出的关于世界本源的范畴，都是针对这个自然世界的，因此他们也被称为最古老的物理学家。赫拉克利特的流变，解释的也是我们经验到的自然物的变化。苏格拉底提出“认识你自己”、柏拉图关于可感世界与理念世界分离的学说，尽管已经朦胧到人和人的意识与自然存在物的不同，但他们还是将这些都归入他们理解的世界之中。总而言之，古代哲学并没有与客观世界相对立的人或者意识的观念。

近代哲学就不同了。从笛卡尔开始，哲学家们就开始将人与人的意识从世界之中抽离出来，并视为在世界之外的主体。这也就是哲学史上通常所说的主客二分的结构。我们人或人的意识是主体，意识之外的东西都是客体。因此，在近代哲学中，世界指的是独立于人、在人的意识之外并与意识相对立的客观世界。在这种理解之下，人要有关于这个世界的知识，需要我们的意识去“切中”这个世界，因此，我们也常说近代哲学是认识论哲学。既然这个世界是完全外在于我们的，而我们要生存，就需要通过我们对这个世界的理性计算，对之加以征服和利用，使之满足我们的生活需求。例如，我们居住的楼房，就来自我们对客观世界的改造：将泥土烧制成砖块，将石头切割打磨成形，并按照预先设计好的图纸进行施工。近代哲学切断了人与世界的原始关联，那么世界就是那个自在的抽象的世界，人就是世界之外的抽象的人。那么，被人改造过的世界，从根本上说，还是与人没有什么本质的关联；它仍旧是外在于人，并且作为人认识的自在对象。总而言之，“思想”的确定性才是近代哲学关注的焦点，人与世界的关系是互相外在的主体与客体的关系。

与古代哲学和近代哲学不同，马克思理解世界的基础是人的感性活动或者生产过程，这是我们在上文中已经详细阐述过的。按照这种理解，世界是通过人的感性活动或者说实践向人不断“生成”着的现实世界，也就是人创造的“属人世界”。我们这里特别标举的“现实世界”究竟意味着什么呢？为什么说古代哲学与近代哲学理解的世界就是不“现实”的呢？关键就在于是否能够充分意识到人本身的能动性作用，也就是人的感性活动对“世界”意味着什么。现实世界当然是建立在自在的自然世界的基础之上的，这一点毫无疑问。

然而，自然世界只有经过人的实践的劳作、改造，才能转化为人们生活于其中的现实世界。事实并不是：我们和动物一样，依靠本能辨识哪里有食物、哪里能有危险，我们就趋向哪里、规避哪里；事实是：我们自觉地通过实践来完成与自然之间的物质交换。我们通过种植作物而获取食物，我们将来自自然的材料加工成衣物、交通工具和住所。在这个过程中，自然就不再是那个脱离于人、自然而然地在那里等着人去认识的自然，它不断地转化为属于人的世界，也就是属人世界、现实世界。然后就是我们熟悉的内容：在这种不断的实践过程中，人们结成社会关系；按照社会关系的需要，人与自然的关系才成为可能。我们究竟要采集和改造自然的何种物质材料并使之成为劳动产品，取决于其他人的需要，取决于社会的需要。也就是说，人们是在一定的社会关系中实现对自然的改造的。

人们在生产中，不仅影响着世界，而且也相互影响着。我们生产某种东西，从直接的意义上来看，早已不是因为我们某一个人自已需要它，而更多地是因为别人需要它。现代社会生产的目的是为了交换，而不是为了直接消费。很直观的例子是，某个工厂生产汽车，当然不仅仅是满足工厂内成员的代步需要，而是主要满足社会的他人的需要，换言之，市场的需要。市场需要量大，则产量大；市场需求量小，则要减产；当这种产品社会不再需要了，也就是说没有市场了，那么它就要倒闭。因此，现实世界就是人类通过一定的社会关系，以感性的实践活动创造的世界。

感性活动乃是我们理解世界的真正基础。从这个意义上说，世界是个动态的、不断向人开显出来的、丰富性日新月异的现实的世界。以范畴的最高抽象表征的世界也好，以主客二分模式分离出来的静态的世界也好，像黑格尔那样以概念的思辨认识的、然而仍然拘禁在逻辑的世界里因而无法真正肉身化的世界也好，都无法真正解释世界何以以不断地更新的感性丰富性向我们敞开着。这种经过过度范畴抽象的世界远不是现实的世界。

通过三种哲学观对世界的理解，我们可以看出马克思的哲学从根本上改变了哲学的世界概念。只有通过这种改变，“改变世界”才能真正成为哲学的主题。马克思将旧哲学久已忽视的感性的世界活动引入世界，就实现了对世界的能动理解。做个比喻说，这样的世界就好比曲曲弯弯的林中小路。随着我们不断往前走，它向着我们不断地开显着。世界也是同样，随着我们的感性实践活动的进行，在不断地生成并改变着。因此，马克思哲学的世界概念，也就是现实世界概念，内在地就包含着“改变世界”。

二、资本的压迫：“资本的逻辑”与“单向度的人”

按照马克思的看法，现实世界是人生活于其中、并以实践活动与其打交道的世界。人使得世界适应人本身的需要，他们在自己创造的这个世界中不断地实现自己的各种潜能并发展着自己。我们生产出的产品是我们劳动的结果，它们满足我们的日常生活中物质与精神各个方面的需要。然而正是在这里，人们常常迷失在自己的创造物中。某种程度上说，皮格马利翁的传说可以在这方面略作引申。皮格马利翁是希腊神话中的塞浦路斯国王，也是一名雕刻家。他将自己所有的热情、爱恋、精力与灵感，都灌注到一座雕像的雕刻中，这就是他后来完成的那座超凡脱俗的象牙少女像。他深深地爱上了这座雕像，并舍弃所有的凡间女子。在这里，我们能够看到人被自己的创造物所支配、所牵引的最初的影子。随着人们的生产实践特别是劳动生产率的发展，产生了私有财产与私有制度，也产生了工业。在这样的背景下，在人类的生产实践中自己的劳动产品反而成为了异己的东西，它们反过来会对自身形成压迫。不是我们的创造物围着我们转，而是我们围着它们转了。我们并没有支配物，而是物支配着我们。用庄子的话说，我们不是“物物”，而是“物于物”了。

这就是马克思说的“异化”。这种现象在我们平日的生活中也是屡见不鲜的。我们发明了手机，这让我们的联系比以前便捷了许多；远在天涯的亲友用手机通话，有着跟见面一样的亲切感；我们每天用手机上网浏览新闻、看看微博、网上聊天。然而，让我们反思一下，是我们在用手机呢，还是手机在“用”我们？我们用手机网上聊天，身边的人反而陌生化了，以至于手机不在身边我们就会感到贫乏无比、郁闷无比。古人说的“清风明月不用一钱买”的闲情逸致，我们不再有了，我们似乎失去了感知天地之美的能力。让我们再想象一下，如果我们的手机丢了呢？那我们简直丢掉了大半个世界。我们自己生产出来的东西，是不是反而控制了我们的生活？

我们追求的是丰富的自我、丰富的世界。只有在这种追求之中，我们才有丰富的生活，这种丰富，首先就是感性上的丰富性。自然造化的鬼斧神工、人类创造的波澜壮阔，都震撼着、熏陶着我们的心灵。然而，私有制使人对自然界的原始关系、人对自己创造物的主导关系都日渐丧失掉了。人们的感性生活日渐狭隘与单薄，世界还是那个世界，人已经不是原来的人了。一个为了生计而奔波的穷人，只会行色匆匆地行走在路上，他不会想要停下脚步，欣赏一下路边的花花草草。异化使人丧失了对美的享受能力。关于这一点，马克思也给出过一个生动的例子。一个贩卖矿物的商人，脑袋里算计的是它能值多少钱，他只能看到矿物的交换价值而看不到矿物的美。我们无限的感性的丰富性，我们欣赏音乐的听觉，我们捕捉流云的视觉，现在都让位给了一个东西：对财产的拥有感。

在这里，我们再次注意马克思关于分工的有关分析。在资本主义社会中，大工业产生后，使用机器的生产实现了最广泛的分工。机器生产的引进极大地提高了劳动生产率，并且使得分工越来越精细化，每个工人只能参与一个产品生产过程中一个很小的环节；而机器发挥的作用越大，需要的人力也就越少，于是便会出现越来越多的剩余劳动力。这种境况极大地增加了劳动者的竞争强度。在机器化操作的流水线中，没有哪个工人的工作是不可替代的。工人为了继续保留这份工作而不被其他竞争者所取代，他就只能按照资本家的要求，提高工作强度、增加劳动时间。在这种状态下，所有工人的精神都处于高度的紧张状态中，而劳动本身就成为工人不可忍受的东西。

卓别林的电影《摩登时代》就是这种状况的生动刻画，片中的主人公因在机器生产线上的高度精神压力的操作而导致精神失常。他下班后在街道上将行人衣服上的纽扣当成了机器上的螺丝，便要拿着钳子上去拧。这深刻表现了资本主义私有制之下工人的悲惨生活局面。不仅仅是工人，资本家也处于深刻的异化中，他不仅要保证工厂在激烈的市场竞争中生存下来，而且要追求资本的进一步增殖，并为此而脑汁绞尽，寝食难安。因此，在资本主义社会中，真正自由的并不是人。个人被资本自身增殖需要的洪流卷入而成为整个增殖链条上的一个小小的部件。

对这一点分析得最令人信服的，还是马克思。在资本主义私有制条件下，资本家占有财产而工人一无所有，他们只有将自己的劳动出卖给资本家并获取一定的工资。只有工人的劳动给资本家的资本带来较快积累的前提下，他的工资才有可能增长。于是，工人的工资状况，完全依赖于资本积累的速度，而由于资本家的贪婪本性，资本积累的速度要远大于工人工资的增加速度。而工人自己的劳动产品，却绝大多数都落入资本家手中。由此，便形成了资本对人的宰制与统治，也就是“资本的逻辑”。

“资本的逻辑”就像一个魔术一样的怪圈：工人付出的劳动越多，反而越受到异己的力量，也就是资本的压制与统治。工人与自己的劳动产品的关系，也就是人与一个异己的对象的关系：他在劳动中耗费的力量越大，他亲手创造出来的与自己相反对的、异己的东西的力量就越大。他越来越受到他的创造物——资本的驱使，与此相对应，他本身的内在世界却日益贫乏。这样来看，就像黑格尔的逻辑在一步一步发展与过渡中不断丰富自身一样，资本在它的增殖过程中变得越来越庞大。它不断地将人、自然世界纳入到自己的运动中来，从而不断地继续自己的宰制性、侵略性的扩张。

资本逻辑的不断扩张运动，给我们的世界带来了什么呢？自近代以来，我们欢呼雀跃的无疑是生产力的发展、科学技术的进步而带来的人类对于自然的改造与征服力量的巨大进步。人们在数学和力学上的探索、在机械学与工程学上的发明与进步，都增强了人类对自然的精确算计、分割与组合并进一步宰制的能力。人们由此创造出了远大于过去几个时代总和的物质产品。然而，随着科学技术和生产力的飞速发展，人类对自然的改造与征服也逐渐显示出其负面效应，大自然对人类展开报复性的反扑。人类面对的自然环境在极度地恶化，地球上的矿产资源在急速减少，全球的森林资源已经失去了一半，地球上平均每天就有一个物种消失，我们很少再看到那种月朗星稀的诗意世界了。相反，一年有数十次的沙尘暴环绕着我们，让我们的生活苦不堪言。

另一方面，资本主义的工业化生产模式和资本主义统治秩序中所谓自由、民主、平等的理念，也越来越显示出它们为资产阶级意识形态服务的本性。所有的工业化产品、所有的意识形态的宣传包括舆论导向，甚至人们的娱乐方式，总归都是为资产阶级的利益服务的，更深层地说，是为资本服务的。

西方哲学家马尔库塞的著作《单向度的人》是对资本主义社会中人的生存境遇的深刻揭示，这部作品发表之后，“单向度的人”这个术语便成了一个流行的词汇。资本主义意识形态下的发达的大工业社会中，一切的一切只为了资本的运动与增殖服务，与此相配套的社会建制与生活方式，便成功地压制了人们内心对现存生活状态的批判性和追求更美好生活的超越性向度，这个社会便成为了一个单向度的社会；而生活于这个社会中的人，便丧失了自由和创造力，仅仅成为围绕资本旋转的整个社会机器的一个小部件。这样的人不再想象和追求与这种压抑的、单调的困苦生活不同的另外一种更理想的生活，这样的人也就成了“单向度的人”。

三、世界的改变：人的解放

我们说过，与以往解释世界的哲学不同，马克思的哲学乃是改变世界的哲学。改变世界的哲学这个范畴，本然地就包含着上面我们已经详细讨论过的两个要素：感性活动和唯物主义的历史观。真正明白了感性活动与唯物主义的历史观的内涵，也就把握了马克思的改变世界的哲学的脉络。明确地说，马克思的改变世界的哲学，就是要以人的感性的实践活动，改变既定的生产方式；就现阶段来说，就是改变资本主义的生产方式。这也就意味着改变人本身创造着的现实世界，从而实现人的存在方式的整体性改变。换言之，实现人的解放。

“哲学家们只是用不同的方式解释世界，问题在于改变世界。”我们还记得这是马克思《关于费尔巴哈的提纲》中的第十一条，这句话表明了马克思哲学对旧哲学的根本性批判，并且是马克思新哲学的宣言。然而对于什么是马克思主义哲学意义上的“改变世界”，人们却不是那么容易理解的。在我们的日常生活中，我们不是一直在从事着改变世界的活动吗？从最简单的例子说，我们将一棵树从一个地方移植到另一个地方，不也是某种程度上改变了这个自然世界吗？这是马克思意义上的改变世界的哲学吗？马克思之前的旧哲学，是不是一定程度上影响了人们的思想呢？这些哲学不也是改变世界的哲学吗？对于这些问题不辨析清楚，就极容易对马克思主义哲学的精神实质作出各种各样的误解，也就无从理解马克思的改变世界的哲学。

首先，我们来看日常生活意义上的改变世界。毫无疑问，农民的辛勤耕耘，工人在工厂中的劳作，都在改变着这个世界。这种意义上的改变世界与马克思说的“问题在于改变世界”的哲学宣言有何种区别呢？简单说，前者是常识思维中的活动，这种活动未经过真正意义上的哲学反思，因而它对人的活动对于人本身、人类历史的意义没有达到哲学的自觉。这样，这种日常生活的普通态度自然也无法反思人的劳动产品对人来说意味着什么，它到底是压制了人本身，还是人类通向自由之路与解放之路的物质条件。

那么，马克思之前的旧哲学呢？哲学观念总是在不断地更新的，而且每种哲学都不是单纯的概念游戏。其实，任何哲学都有着强烈的“改变世界”的愿望与动机，例如古希腊哲学的先驱们就是要改变神话解释中的世界形象，从而尝试以哲学范畴的形式来达到对世界的把握；到了苏格拉底，则志在改变当时受着智者学派影响而感觉无所适从的人们的观念状态。哲学的每一次变革都起到了变革现实、推动历史进步的思想解放作用。因此，仅仅从哲学对于现实的作用的角度，也无法将马克思主义哲学与旧哲学根本性地区分开来，自然也就无法把握马克思的改变世界的哲学的精神实质。而要把握这一点，必须考虑马克思作出的哲学的根本变革，也就是从哲学主题的角度去理解作为马克思哲学主题的“改变世界”的原则。

我们上面说过，马克思主义哲学理解的世界概念，已经不再是所有自然存在物的总和意义上的世界。这种世界也不再是像近代哲学所理解的与人相对立的抽象的客观世界。马克思主义哲学的世界指的是人的现实世界。以一定的生产关系联结在一起的人从事着的社会生产活动方式，是现实世界向人开显和生成的途径。

因此，马克思哲学说的“改变世界”，就不是改变自在的自然界的活动，即物质生产活动，而是指对属于人的、现实世界的改变，也就是要改变那种构成现实世界深刻基础的既定的生产方式。只有这种生产方式，才真正构成着影响人类生活状态的各种因素。在马克思主义哲学的视角中，人们的感性活动，也就是物质生产，是人类改变自然状态的能动性力量，这种力量使人塑造了属人的现实世界。感性活动作为人类生活的物质基础，作为人类各种隐藏的潜能和力量的实现，这本身在常识与科学思维的限度内就能够完成，并不构成哲学反思的对象。同样，马克思哲学说的“改变世界”，也不是直接对各种社会建制、制度进行变革，因为社会制度并不是根基性的东西，即便通过暴力革命将之推翻，也还免不了同种制度的循环。我国古代社会就是典型例子：不论农民革命也好，地方性军事力量的武力反抗也好，其领袖的心声往往是“王侯将相，宁有种乎”，换言之，还是想当皇帝。尽管有可能推翻当时的封建统治者，但这也意味着封建主义的社会制度的又一次轮回。如果不根本性地变革生产方式，政治革命只能意味着同一种制度的改朝换代，人们的生存方式并无明显改进，只是徒然增加人民的战乱之苦而已。

将生产方式的考察放在哲学关注点的首位，并将生产方式看作是人类的存在方式是马克思哲学的显著特点，也是唯物主义历史观的着眼点。人类怎样生产，就怎样存在；他们怎样存在，就有怎样的意识。某种程度上说，这就是马克思的生存论；这种观点，比其他的现当代哲学中的生存论论点有着对哲学生活基础的更深的自觉，因而有远为深刻的合理性。在资本主义社会中，资本主义的生产方式就是现实世界的生成的基础，因此，“改变世界”作为马克思主义哲学的主题，其真实意蕴就是站在唯物主义历史观的高度，揭示和批判作为人的现实世界生成基础的资本主义生产方式对人本身的压制与奴役，并指出克服这种生产方式的人的感性实践活动的方向，并实现人的自由而全面的发展。

毫无疑问，资本主义生产方式产生出了极为丰富的物质产品，从而在很大程度上使人摆脱了对自然的依赖性。从此，人从自然世界的机械因果性中挺立了起来。因此，与之前的生产方式相比，资本主义生产方式是有其进步性的。然而，马克思指出，资本主义生产方式实现的人的关系，乃是“以物的依赖性为基础的人的独立性”。这种生产方式生产的大量物质产品以及人们细化的分工关系，形成了整个社会范围内的物质交换，并发展了人的全面的社会关系。

那么，与其他社会生产方式下的人与人之间的关系相比，这样的社会关系有何特点呢？我们可以拿日常生活中的小例子作一个说明。资本主义生产方式的社会化大分工，决定了社会中工作职位类别林林总总，但某个人只能参与生产某种产品。假如工人甲能生产衣服，而工人乙则生产的是鞋子。那么甲乙怎样才会发生交往关系呢？只能通过物质的交换。甲乙都是出卖自己的劳动力，并领取一定量的工资。甲需要买衣服时，他是以货币为媒介与生产衣服的其他工人发生关系的；假如他要买鞋子，则是以货币为媒介与工人乙和其他生产鞋子的工人发生社会关系。因此，本来应该是人与人之间的直接社会交往，都变成了以物（货币和商品）为媒介的人与人之间的间接关系了。

可见，在资本主义社会中，一个人想要进入社会并与他人发生关系，唯一的渠道就是进行物质交换。而这又以个人将自己的劳动或者产品通过交换转化为货币为前提。因此，在资本主义生产方式中看，人的关系是受到物的关系的支配的，因而人还没有实现真正的独立性。这样建立的社会关系并不是以人本身为中心所建立的，相反，是以物为中心建立的。它虽然是人创造的，然而却成为一种越来越强大的异于人的力量，并不断地反过来压迫着人本身。从这样的意义上说，资本主义社会造成了人的全面异化。人并没有真正成为自然与社会的主人。恰恰相反，资本主义制度下的个人，仅仅作为劳动力而存在，他只能作为与其他人组成的整个生产体系的一个小小的环节而去劳动；他的生产是以其他人的生产为前提的。这种早已失去了丰富性的重复性的单调劳动，失去了创造的美感，而成了一种生理的消耗。

由于分工体系的存在，资本主义生产方式下的人只能片面发展某一方面的技能。而迫于生存的压力，从事这种单一劳动就占据了他绝大部分的时间，因此，人便成为片面的、贫乏的人。他只有作为整个资本主义生产链条的一个小螺丝钉被卷入整个体系中才能维持其生存。除了共同生产、交换生活必需的物质产品之外，人与人之间彼此孤立、毫无关联，甚至邻居对门都互不相识。人的这种片面化和孤立化对人的压迫的结果，就是人只能紧张地忙于自己的工作；就连在少得可怜的休息时间，都只能处于为生计而惶恐不安的焦虑中。在这样的境况下，人当然会失去对资本主义社会制度的批判能力，失去对更美好的生活的向往与筹划。这样的人，也就是我们上面说过的“单向度的人”。改变资本主义生产方式对人的这种压迫、实现人的解放，正是马克思孜孜以求的哲学目标。

马克思站在唯物主义历史观的高度上指出，资本主义的生产方式是人类历史地进行生产实践的结果，它当然也会被历史地超越。马克思的哲学目标在于推翻那些使人成为被奴役、被压迫、被侮辱的东西的一切关系，这一点体现在他对资本逻辑的深刻揭示中。马克思以艰苦卓绝的努力研究资本主义生产方式本身的内在矛盾、本质规律，并揭示其必然灭亡的历史趋势。他确立了解答“改变世界”问题的基本方向，这就是要真正考察各个历史时期人类的现实的生产过程与生产活动。按照这个方向，马克思在他的辉煌巨著《资本论》中深入于资本主义生产方式下资本运动的基本规律，揭示出资本运动的各个必然的环节，并以科学的方式表达了出来。马克思以他锐利的哲学眼光和庖丁解牛般娴熟的辩证法功底，实现了对资本主义生产方式的解剖，使得“改变世界”的问题获得了真正科学的解答。以此为基础，马克思为改变现实世界，也就是超越资本主义的生产方式并实现人的解放指明了现实的道路。